MUSCULAÇÃO
ANATOMIA ILUSTRADA

CRAIG RAMSAY

MUSCULAÇÃO
ANATOMIA ILUSTRADA
Guia completo para aumento da massa muscular

Manole

Título original em inglês: *Anatomy of muscle building*
Copyright © 2011 Moseley Road Inc. Todos os direitos reservados.
Copyright © 2011 Texto de Craig Ramsay

Este livro contempla as regras do Acordo Ortográfico da Língua Portuguesa.

Editor-gestor: Walter Luiz Coutinho
Editora de traduções: Denise Yumi Chinem
Produção editorial: Priscila Pereira Mota Hidaka, Karen Daikuzono e Cláudia Lahr Tetzlaff
Assistência editorial: Gabriela Rocha Ribeiro

Tradução: Lais Andrade

Revisão de tradução e revisão de prova: Depto. editorial da Editora Manole
Diagramação: Le1 Studio Design
Adaptação da capa para a edição brasileira: Depto. de arte da Editora Manole

Dados Internacionais de Catalogação na Publicação (CIP)
(Câmara Brasileira do Livro, SP, Brasil)

Ramsay, Craig
   Musculação : anatomia ilustrada / Craig Ramsay ; [tradução Lais Andrade]. -- Barueri, SP :
Manole, 2016.

   Título original: Anatomy of muscle building
   ISBN 978-85-204-4686-7

   1. Exercícios físicos 2. Musculação 3. Músculos - Anatomia I. Título.

16-01578	CDD-613.71

Índices para catálogo sistemático:
1. Musculação : Exercícios : Educação física   613.71

Nenhuma parte deste livro poderá ser reproduzida, por qualquer processo, sem a permissão expressa dos editores.
É proibida a reprodução por xerox.
A Editora Manole é filiada à ABDR – Associação Brasileira de Direitos Reprográficos.

Edição brasileira – 2016

Direitos em língua portuguesa adquiridos pela:
Editora Manole Ltda.
Av. Ceci, 672 – Tamboré
06460-120 – Barueri – SP – Brasil
Fone: (11) 4196-6000 | Fax: (11) 4196-6021
www.manole.com.br
info@manole.com.br

Impresso no Brasil
Printed in Brazil

Nota
O conteúdo deste livro destina-se a promover informações úteis ao público geral. Todos os materiais, incluindo textos, gráficos e imagens, são de caráter apenas informativo e não substituem diagnósticos, recomendações ou tratamentos médicos para condições específicas. Todos os leitores devem procurar assistência médica profissional antes de iniciar qualquer programa de exercício ou para qualquer outro problema específico de saúde. O autor e os editores não recomendam ou endossam tratamentos, procedimentos, conselhos ou outras informações que possam ser encontradas neste livro e eximem-se de toda e qualquer responsabilidade por prejuízos ou danos que possam ocorrer por consequência direta ou indireta do uso de quaisquer informações contidas nesta publicação.

SUMÁRIO

INTRODUÇÃO 8

    Como escolher a academia 10

    Anatomia do corpo 14

AQUECIMENTO 16

    Treino cardiovascular 18

    Alongamento dos peitorais e do deltoide (parte clavicular) 20

    Alongamento do trapézio 21

    Alongamento dos ombros 22

    Alongamento do tríceps 23

    Alongamento do antebraço 24

    Flexão do tronco 25

    Alongamento da coluna 26

    Alongamento das partes inferior e superior do dorso 27

    Alongamento dos posteriores da coxa 28

    Alongamento dos posteriores e adutores da coxa 29

    Alongamento do quadríceps femoral 30

    Alongamento em posição de afundo 31

    Alongamento da virilha..32

    Alongamento dos glúteos, sentado 33

    Alongamento dos glúteos, em decúbito dorsal..34

    Alongamento da panturrilha 35

TÓRAX E ABDOME..36

    Flexão de tronco no Bosu® 38

    Pull-down com corda 40

    Inclinação lateral com cabos 42

    Crucifixo com cabos 44

    Supino inclinado com pegada invertida 46

    Supino com pegada martelo..48

6 • MUSCULAÇÃO – ANATOMIA ILUSTRADA

Flexões com anilhas..50

Pullover com haltere..52

Crucifixo com halteres..54

Supino reto no Smith..56

Elevação com cabos..58

Crucifixo inclinado com cabos..60

Crucifixo com cabos modificado...62

DORSO..**64**

Remada no banco inclinado..66

Encolhimento com halteres..68

Remada com peso livre...70

Remada unilateral com haltere...72

Agachamento com cabo..74

Levantamento-terra com halteres..76

Hiperextensão no banco reto..78

Good morning (flexão do tronco para a frente)...80

OMBROS...**82**

Remada com barra...84

Elevação pirâmide com cabos..86

Elevação frontal com anilha...88

Desenvolvimento Arnold sentado...90

Desenvolvimento sentado com halteres..92

Remada em pé com barra...94

Afastamento lateral com halteres..96

Elevação lateral com halteres..98

Elevação unilateral com cabo, inclinado para a frente...100

Elevação unilateral com haltere..102

Crucifixo invertido..104

BRAÇOS **106**

    Tríceps no banco 108

    Tríceps testa 110

    Supino com pegada fechada no Smith 112

    Extensão unilateral com cabo 114

    Extensão com corda acima da cabeça 116

    Puxada com corda 118

    Rosca martelo com corda 120

    Rosca com cabo, deitado 122

    Rosca com barra 124

    Rosca martelo alternada 126

    Rosca com halteres 128

    Rosca com peso livre 130

    Rosca concentrada unilateral 132

PERNAS **134**

    Agachamento no Smith 136

    Afundo unilateral no Smith 138

    Agachamento com halteres no banco reto 140

    Afundo andando com halteres 142

    Step-up no banco 144

    Agachamento com barra 146

    Levantamento-terra com barra, pernas estendidas 148

    Agachamento *plié* 150

    Tibial anterior com haltere 152

    Elevação de panturrilhas com halteres 154

GLOSSÁRIO **156**

CRÉDITOS E AGRADECIMENTOS **160**

SOBRE O AUTOR **160**

INTRODUÇÃO

Quer você seja um fisiculturista competitivo ou apenas alguém que deseja estar em boa forma, com um corpo escultural, você deve se concentrar em fortalecer e desenvolver alguns músculos-chave.

Nas páginas a seguir, você encontrará uma seleção de exercícios de musculação divididos de acordo com as principais regiões: tórax e abdome, dorso, ombros, braços e pernas. Instruções passo a passo acompanham as fotos dos exercícios, e ilustrações anatômicas mostram os principais músculos ativos e estabilizadores que estão sendo trabalhados. Músculos ativos são aqueles que se contraem para mover uma parte ou uma estrutura do corpo, e músculos estabilizadores são aqueles que se contraem e/ou que são ativados para estabilizar o músculo ativo.

A compreensão de quais músculos estão sendo trabalhados durante um determinado exercício ajudará você a elaborar melhor um programa de musculação que atenda aos seus objetivos.

COMO ESCOLHER A ACADEMIA

INTRODUÇÃO

Então, você decidiu começar um programa de musculação e agora vem a pergunta: "Onde devo fazer musculação?" Atualmente, existem tantas opções – de academias de alta tecnologia que possuem os aparelhos mais avançados até salões de ginástica bem simples, que oferecem pouco mais do que alguns halteres. A academia é uma extensão de suas metas – um fisiculturista profissional precisa de um ambiente diferente daquele indicado para um executivo financeiro que só quer relaxar depois de 12 horas de trabalho no escritório. Eis algumas dicas básicas para ajudar você a procurar a academia certa para os seus objetivos físicos específicos.

COMO ESCOLHER A ACADEMIA

As academias não são todas iguais – cada uma atrai um tipo de público. É exatamente o tipo de público que a academia quer atrair que determina o equipamento que ela oferece e seus horários de funcionamento, além do preço. Você precisa definir bem suas metas para poder decidir se uma determinada academia é ideal para você. Ao escolher, procure começar se inscrevendo por um período-teste, para ter certeza de que aquele é o lugar certo para você, antes de assumir obrigações ou compromissos. Verifique exatamente o que o local oferece antes de assinar contratos.

INTRODUÇÃO • 11

Você quer desenvolver massa muscular?
   Se a sua meta é desenvolver massa muscular, procure uma academia que tenha a qualidade e quantidade certas de equipamentos de halterofilismo. A academia de musculação tem vários aparelhos de cabo, Smith e supino, além de anilhas e pesos livres. Verifique também a qualidade dos aparelhos. Por exemplo, os encaixes das máquinas são de aço, ou são revestidos por borracha? Os equipamentos de peso para musculação mais eficientes têm encaixes de aço, que facilitam o uso de munhequeiras – você não pode prender munhequeiras de modo apropriado em equipamentos com revestimento de borracha.
   Muitas dessas academias de musculação também oferecem lanchonetes que servem alimentos energéticos, como vitaminas de frutas de alto teor proteico e barras de cereais com carboidratos complexos.

COMO SE COMPORTAR NA ACADEMIA

- Não corra pela academia. Com todos aqueles aparelhos pesados, você terá muitas chances de se machucar. Movimente-se devagar, mas com determinação.
- Se tiver alguma dúvida, pergunte! Deixe seu ego do lado de fora. Aparelhos de ginástica podem ser muito perigosos. Para se proteger, você deve entender como eles funcionam. Peça a um dos professores da academia para lhe explicar o uso correto de cada aparelho.
- Aproveite bem os *personal trainers*. Eles podem lhe dar informações sobre o que você deve ou não fazer na academia e em que programas e aparelhos você deve se concentrar para alcançar seus objetivos.
- Evite bloquear os espelhos ou ficar em pé na frente de um haltere ou de uma estante de pesos.
- Compartilhe os aparelhos e pesos. Não se sente sobre um aparelho entre duas séries de exercícios. Faça exercícios junto com outros colegas de academia.
- Ao terminar de usar um aparelho ou barra, remova as anilhas e coloque-as de volta onde as encontrou.
- Limpe o aparelho quando terminar de usá-lo, para não deixar o seu suor para os outros limparem. Tenha consideração.
- Use os escaninhos. A maioria das academias tem políticas que proíbem que os usuários levem suas bolsas para a área de musculação. As bolsas de ginástica e outros materiais semelhantes podem causar tropeços.
- Cronometre seu treino. A maioria das academias impõe um limite de tempo de uso dos aparelhos de treino de cárdio, para que todos os usuários possam usufruir deles. Use o seu bom senso – se a academia estiver movimentada, limite-se a usar cada aparelho de treino cardiovascular por 20 minutos. Quando a academia estiver mais vazia, você poderá aproveitar mais tempo.

INTRODUÇÃO

Você quer um corpo enxuto, firme e escultural?

Procure uma academia que tenha bastante variedade de aparelhos de cárdio e circuito como esteiras, bicicletas, elípticos, *step*, escadas e bicicletas de braços, além de equipamentos do tipo *kettlebells*, rolos de espuma e bolas Bosu®, de equilíbrio, de *fitness* e *medicine ball*. Também devem estar disponíveis aparelhos de levantamento de peso e fisiculturismo, porém estes devem se limitar aos básicos, como barras olímpicas, halteres e máquinas de cabo. O mais importante é que a academia ofereça uma ampla variedade de aulas para motivar você a se manter ativo. Essas aulas podem ser de *spinning*, dança, cardio, treino abdominal e *boot camps* intensivos, entre outras.

Se você é mulher, recém-chegada à academia e se sente intimidada, talvez deva procurar uma academia exclusiva para mulheres. Esses locais têm uma equipe treinada para ajudar você a se sentir mais confortável e confiante para levar adiante seu programa de exercícios físicos.

Antes de se matricular

Outros detalhes nos quais você deve reparar ao escolher sua academia:

- Limpeza
- Localização
- Preço
- Postura e qualificação da equipe
- Tipo de público
- Horário de funcionamento

Antes de assinar o contrato, esclareça com o representante da academia alguns pontos importantes: Você pode trancar a matrícula? Pode pedir reembolso ou transferir sua inscrição para alguém? A academia tem seguro contra lesões ou sistema de passaporte (ou seja, você pode usar outra unidade da academia se estiver viajando, por exemplo)? Também não esqueça de negociar bem o preço da inscrição. Há muita competição nesse ramo, e todas as academias querem ter você como cliente – aproveite e negocie um bom pacote.

SUPORTES: SIM OU NÃO?

Halterofilistas que fazem levantamento de potência geralmente usam suportes, como cintos e munhequeiras, para diminuir o risco de lesões ao levantarem pesos acima do padrão normal.

O uso do cinto e das munhequeiras deve ser criterioso, sempre lembrando que eles servem para ajudar no levantamento de cargas ultrapesadas. As munhequeiras estabilizam a pegada, permitindo que você segure mais peso sem que ele escorregue das suas mãos. O cinto de levantamento de peso geralmente tem duas funções: reduzir o estresse sobre a região lombar quando você está ereto e evitar a hiperextensão das costas nos arremessos.

O cinto também tem como benefício manter você consciente da posição das suas costas, mas muitos especialistas na área questionam a necessidade do uso de cintos exceto pelos levantadores de peso das categorias mais pesadas. Na verdade, o uso do cinto pode enfraquecer o seu core, pois ele inibe os músculos que atuam estabilizando o abdome. Ainda assim, pessoas que sofreram uma lesão e precisam de suporte extra geralmente usam munhequeiras e joelheiras. Não se esqueça de consultar um médico para esclarecer essas recomendações.

COMO MONTAR UM PROGRAMA DE TREINO

Muitos fatores devem ser considerados ao se montar um programa de treino – tudo depende da sua forma física atual e das suas metas finais. Quando trabalho com meus clientes, sigo uma fórmula básica que leva em conta o seu nível de preparo físico individual.

- Iniciante: começar com quatro séries de 12 a 20 repetições por exercício. A primeira série deve usar cargas menores e servir como aquecimento. Na segunda, terceira e quarta séries, usar cargas apropriadas para um iniciante.
- Avançado: o programa deve ter quatro séries, sendo a primeira um aquecimento fácil de 16 repetições por exercício. Na segunda, terceira e quarta séries, usar cargas pesadas e 6 a 8 repetições por exercício.

Para decidir de quanto deve ser a carga, escolha um que permita que você apenas complete suas repetições, chegando quase até a falha muscular. Em geral, séries com menos repetições (6 a 10) e mais carga aumentam a massa muscular; séries com mais repetições (10 a 20) e cargas mais leves são melhores para tonificar os músculos sem adicionar tanta massa.

DICAS PARA LEVANTAMENTO DE PESO

- Capriche na postura – a boa postura é sua melhor defesa contra lesões ao levantar pesos.
- Mantenha a coluna em posição neutra e sempre que levantar ou abaixar os pesos, use os músculos das pernas, não os das costas.
- Não se exercite sozinho. Ao levantar cargas pesadas, tenha um instrutor.
- Use roupas adequadas. Certifique-se de usar roupas que deixem seu corpo respirar e que permitam liberdade de movimentos. Calçados com boa tração aderem bem ao solo e mantêm seu corpo estável.

ANATOMIA DO CORPO

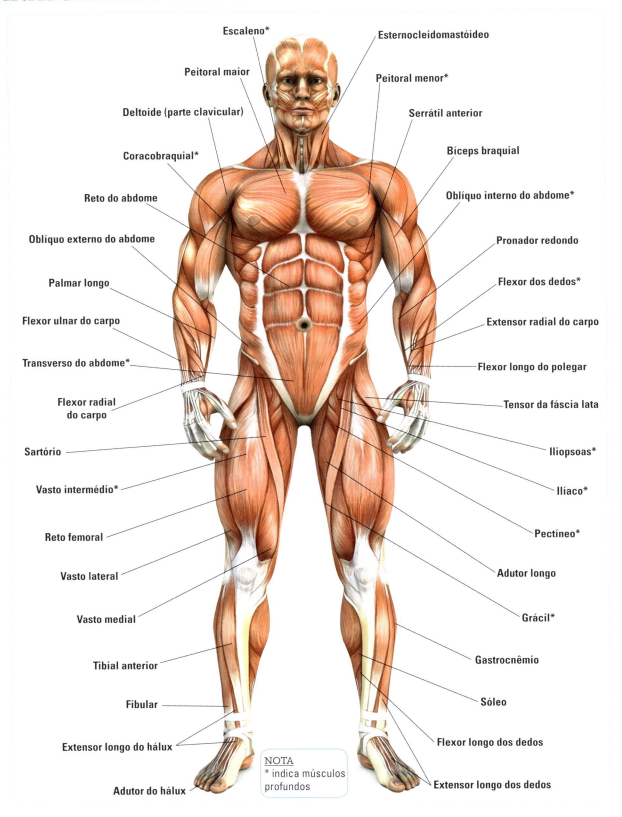

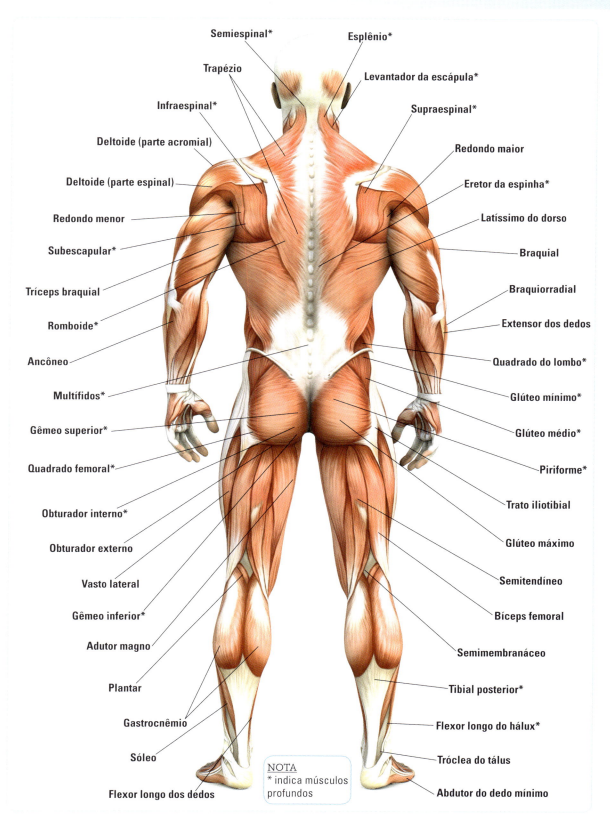

AQUECIMENTO

Embora você possa se sentir tentado a chegar na academia e ir diretamente do vestiário para as estantes de pesos, o aquecimento é essencial em qualquer programa de exercícios, incluindo os treinos de musculação. O aquecimento aumenta os benefícios do treino e ajuda a diminuir o risco de lesão. As duas categorias básicas de aquecimento são: exercícios cardiovasculares e alongamento. Os exercícios cardiovasculares estimulam o fluxo de sangue e oxigênio pelo corpo. O alongamento estende suave e gradualmente os músculos, maximizando sua flexibilidade.

O que ainda não está claro é quando – ou mesmo se – halterofilistas devem fazer alongamento. Antes? Depois? Ambos? Nunca? Qualquer que seja a rotina escolhida, para obter o máximo do alongamento, você só deve alongar até sentir uma ligeira tensão – o alongamento não deve ser doloroso. Nunca exagere alongando demais; o movimento controlado é a chave para um alongamento seguro e benéfico.

TREINO CARDIOVASCULAR

AQUECIMENTO

O sistema cardiovascular, que inclui coração, pulmões e vasos sanguíneos, é o sistema circulatório que distribui sangue por todo o corpo. O exercício cardiovascular tem por finalidade aumentar a frequência cardíaca, levando sangue rico em oxigênio e nutrientes aos músculos trabalhados.

Quando você faz exercícios cardiovasculares, a energia utilizada pelos músculos que estão sendo trabalhados eleva a temperatura corporal, o que faz seu coração começar a bater mais rapidamente. Seus vasos sanguíneos se dilatam em razão da temperatura mais alta do sangue e, dessa forma, fazem chegar mais sangue e oxigênio aos seus músculos, que se tornam mais elásticos e menos sujeitos a lesões. A atividade das articulações também fica mais fácil, o que aumenta a eficiência de qualquer treino.

ALVO
- Sistema cardiovascular

PULAR CORDA

Você não precisa fazer muito exercício cardiovascular antes de um treino de musculação. Períodos curtos, de 5 a 15 minutos, são suficientes para preparar você para um levantamento de peso. Mas lembre-se de que uma boa sessão de treino cardiovascular deve manter sua frequência cardíaca em, no máximo, 120 batimentos por minuto.

A maioria das academias está equipada com vários tipos de aparelhos de treino cardiovascular, como esteiras, remadores, bicicletas ergométricas, escadas e elípticos.

SALTOS NO BOSU®

Se você não estiver familiarizado(a) com o funcionamento de um aparelho, pergunte ao treinador ou ao funcionário da academia como fazer para usá-lo. Você também pode optar por um treino cardiovascular sem muita tecnologia, como saltar ou correr sem sair do lugar na minicama elástica, pular sobre o Bosu® ou pular corda.

SALTOS NA MINICAMA ELÁSTICA

ALONGAMENTO DOS PEITORAIS E DO DELTOIDE (PARTE CLAVICULAR)

AQUECIMENTO

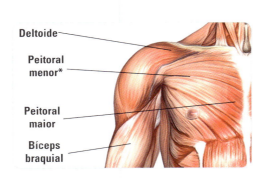

NOTA
* indica músculos profundos

1. Em pé, coloque os braços para trás, junte as mãos e cruze os dedos.
2. Aproxime as escápulas enquanto estica e levanta os braços puxando-os para longe do corpo, mantendo sempre os cotovelos retos.
3. Mantenha por 15 segundos e depois retorne os braços à posição inicial. Repita.

ALVO
- Tórax
- Ombros

FOCO MUSCULAR
- Peitoral maior
- Peitoral menor
- Deltoide (parte clavicular)
- Bíceps braquial

AQUECIMENTO • 21

ALONGAMENTO DO TRAPÉZIO

1. Em pé, com os pés afastados e paralelos aos ombros, coloque a mão direita sobre o lado oposto da cabeça.

2. Incline a cabeça em direção ao cotovelo elevado até sentir o alongamento na lateral do pescoço.
3. Gire a cabeça na direção do ombro direito, sempre sentindo alongar.
4. Segure por 15 segundos e repita. Mude de lado e repita a sequência na esquerda.

FOCO MUSCULAR
- Escaleno
- Esternocleidomastóideo
- Trapézio

ALVO
- Parte superior do dorso

NOTA
* indica músculos profundos

ALONGAMENTO DOS OMBROS

AQUECIMENTO

1. Em pé, com os pés afastados e paralelos aos ombros, passe o braço esquerdo à frente do corpo, na altura do peito. Com a mão direita, faça pressão sobre o cotovelo esquerdo.

2. Mantenha por 15 segundos, solte e repita. Mude de lado e repita a sequência com o braço direito.

Deltoide (parte clavicular)

Oblíquo externo do abdome

Tríceps braquial

Deltoide (parte acromial)

Deltoide (parte espinal)

Infraespinal*

Redondo menor

Redondo maior

NOTA
* indica músculos profundos

ALVO
- Deltoide

FOCO MUSCULAR

- Tríceps braquial
- Deltoide (partes clavicular, acromial e espinal)
- Infraespinal
- Redondo menor
- Redondo maior
- Oblíquo externo do abdome

AQUECIMENTO • 23

ALONGAMENTO DO TRÍCEPS

1. Em pé, com os pés afastados e paralelos aos ombros, levante o braço esquerdo e dobre-o atrás da cabeça.
2. Mantendo os ombros relaxados, puxe suavemente o cotovelo esquerdo com a mão direita.
3. Continue puxando o cotovelo até sentir alongar a parte inferior do ombro. Segure por 15 segundos e repita. Mude de lado e repita a sequência com o braço direito dobrado.

FOCO MUSCULAR

- Tríceps braquial
- Deltoide (parte espinal)
- Infraespinal
- Redondo maior
- Redondo menor

NOTA
* indica músculos profundos

ALVO
- Tríceps

ALONGAMENTO DO ANTEBRAÇO

AQUECIMENTO

1. Em pé, com os pés afastados e paralelos aos ombros, flexione o braço esquerdo mantendo o cotovelo junto ao corpo e a palma da mão voltada para dentro.
2. Com a mão direita, empurre devagar sua mão esquerda para dentro, em direção ao tronco.

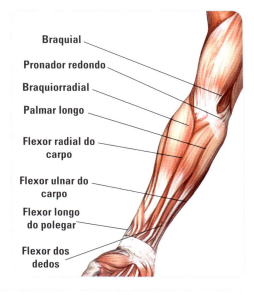

- Braquial
- Pronador redondo
- Braquiorradial
- Palmar longo
- Flexor radial do carpo
- Flexor ulnar do carpo
- Flexor longo do polegar
- Flexor dos dedos

ALVO
- Músculos do antebraço

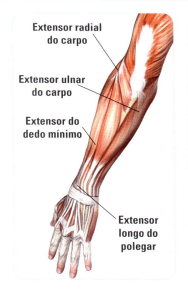

- Extensor radial do carpo
- Extensor ulnar do carpo
- Extensor do dedo mínimo
- Extensor longo do polegar

3. Vire a mão esquerda de modo que a palma fique para fora e novamente aplique uma leve pressão com a mão direita.
4. Mude de lado e repita a sequência na mão direita.

FOCO MUSCULAR

- Braquial
- Pronador redondo
- Braquiorradial
- Palmar longo
- Flexor radial do carpo
- Flexor ulnar do carpo
- Flexor longo do polegar
- Flexor dos dedos
- Extensor radial do carpo
- Extensor ulnar do carpo
- Extensor do dedo mínimo
- Extensor longo do polegar

FLEXÃO DO TRONCO

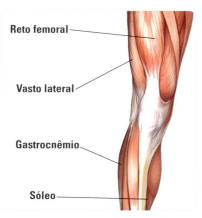
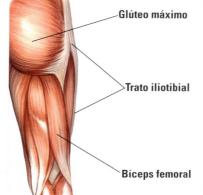

FOCO MUSCULAR
- Trato iliotibial
- Bíceps femoral
- Glúteo máximo
- Vasto lateral
- Reto femoral
- Gastrocnêmio
- Sóleo

① Em pé, com os pés afastados e paralelos aos ombros, mantenha os braços ao lado do corpo.

② Flexione o corpo na altura do quadril, mantendo os joelhos retos, e tente alcançar o solo com as mãos.

③ Segure por 15 segundos e repita.

ALVO
- Trato iliotibial
- Músculos posteriores da coxa

DICA DO TREINADOR
- O trato iliotibial (TIT) é uma faixa grossa de tecido conjuntivo que cruza a articulação do quadril e se estende para baixo até se inserir na patela, na tíbia e no tendão do bíceps femoral. O TIT estabiliza o joelho e abduz o quadril.

ALONGAMENTO DA COLUNA

AQUECIMENTO

1. Deite em decúbito dorsal, com as pernas retas e os braços abertos na altura dos ombros.
2. Flexione a perna direita e leve-a devagar em direção ao lado esquerdo, cruzando o corpo, sempre mantendo ambos os ombros no solo, até sentir alongar a área entre a região lombar e o quadril.
3. Alongue apenas até onde seus ombros permitirem sem qualquer um deles se afastar do solo.
4. Segure por 15 segundos e repita. Mude de perna e repita toda a sequência com a perna esquerda flexionada.

FOCO MUSCULAR
- Quadrado do lombo
- Eretor da espinha
- Multífidos
- Vasto lateral
- Trato iliotibial
- Tensor da fáscia lata
- Latíssimo do dorso

ALVO
- Músculos dorsais

NOTA
* indica músculos profundos

Tensor da fáscia lata

Vasto lateral

Eretor da espinha*

Latíssimo do dorso

Multífidos*

Quadrado do lombo*

Trato iliotibial

AQUECIMENTO • 27

ALONGAMENTO DAS PARTES INFERIOR E SUPERIOR DO DORSO

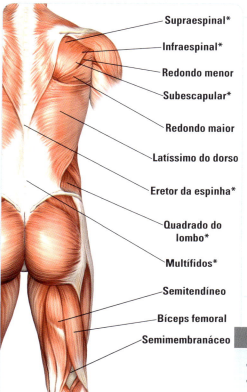

- Supraespinal*
- Infraespinal*
- Redondo menor
- Subescapular*
- Redondo maior
- Latíssimo do dorso
- Eretor da espinha*
- Quadrado do lombo*
- Multífidos*
- Semitendíneo
- Bíceps femoral
- Semimembranáceo

NOTA
* indica músculos profundos

① Sente-se no solo ou sobre um colchonete com as pernas esticadas, os tornozelos em ângulo de 90 graus, de modo que os dedos dos pés apontem para o teto.
② Junte as mãos sem apertar, apoie os antebraços nos joelhos e flexione o tronco para a frente a partir do quadril.

FOCO MUSCULAR

- Supraespinal
- Infraespinal
- Redondo menor
- Subescapular
- Redondo maior
- Latíssimo do dorso
- Eretor da espinha
- Quadrado do lombo
- Multífidos
- Semitendíneo
- Bíceps femoral
- Semimembranáceo

ALVO
- Músculos dorsais
- Músculos posteriores da coxa

③ Sem fazer movimento de vaivém, continue se inclinando para a frente, concentrando-se em alongar toda a coluna.
④ Quando alcançar o ponto mais baixo que puder, segure por 15 segundos e repita.

ALONGAMENTO DOS POSTERIORES DA COXA

AQUECIMENTO

1. Em pé, com os pés afastados e paralelos aos ombros, estenda a perna direita para a frente.
2. Flexione o joelho esquerdo enquanto desloca o quadril para a frente e apoie ambas as mãos no joelho direito. Seu peso deve ficar sobre o joelho esquerdo flexionado.
3. Segure por 10 a 30 segundos e repita. Mude de perna e repita toda a sequência com a perna esquerda.

ALVO
- Músculos posteriores da coxa

FOCO MUSCULAR
- Bíceps femoral
- Semitendíneo
- Semimembranáceo
- Glúteo máximo

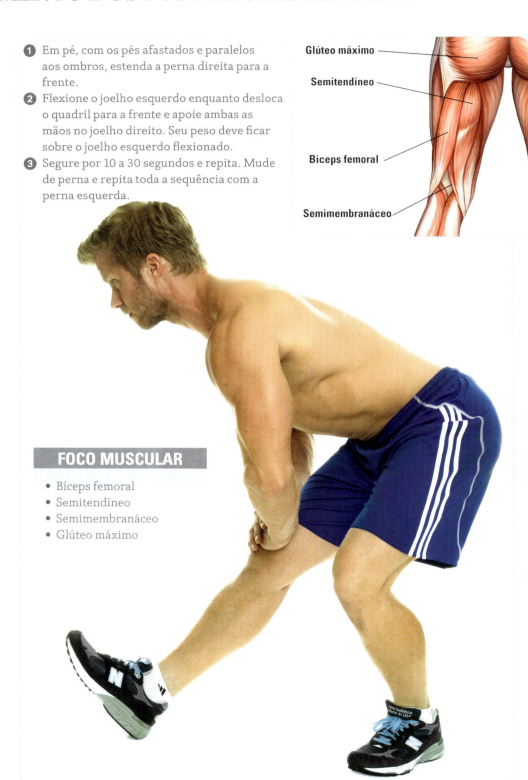

AQUECIMENTO • 29

ALONGAMENTO DOS POSTERIORES E ADUTORES DA COXA

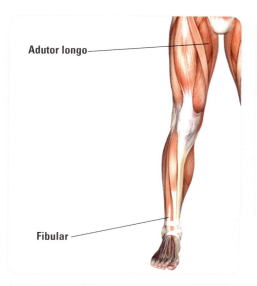

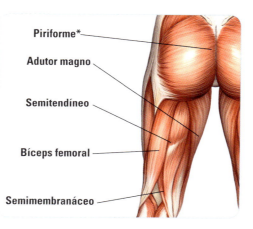

NOTA
* indica músculos profundos

1. Fique em pé com as pernas bem afastadas e os pés muito além da linha dos ombros. Flexione os joelhos.
2. Coloque as duas mãos sobre o joelho esquerdo, mantendo a coluna em posição neutra e os ombros ligeiramente inclinados para a frente.
3. Mantenha o tronco na mesma posição e os quadris atrás dos calcanhares, desloque seu peso para a esquerda, flexionando o joelho esquerdo e estendendo a perna direita. Segure por 10 segundos e repita do outro lado.

FOCO MUSCULAR

- Adutor longo
- Adutor magno
- Fibular
- Bíceps femoral
- Semitendíneo
- Semimembranáceo
- Piriforme

ALVO
- Músculos posteriores da coxa
- Parte interna da coxa

ALONGAMENTO DO QUADRÍCEPS FEMORAL

AQUECIMENTO

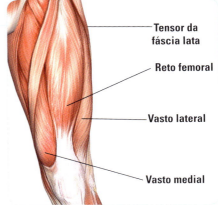

ALVO
- Quadríceps femoral

1. Fique em pé com os pés paralelos e bem unidos, e os braços ao lado do corpo.
2. Dobre o joelho esquerdo e alcance o pé com a mão esquerda. Segure o pé e puxe devagar o calcanhar em direção aos glúteos, até sentir alongar a parte anterior da coxa. Mantenha os joelhos unidos e alinhados.
3. Segure por 15 segundos e repita. Mude de lado e realize a sequência na perna direita.

FOCO MUSCULAR
- Reto femoral
- Vasto lateral
- Vasto medial
- Tensor da fáscia lata

ALONGAMENTO EM POSIÇÃO DE AFUNDO

Iliopsoas*
Ilíaco*
Pectíneo*
Tensor da fáscia lata
Sartório
Adutor longo
Reto femoral
Grácil*

NOTA
* indica músculos profundos

① Fique em pé com as pernas retas, os pés bem unidos e os braços ao lado do corpo.

FOCO MUSCULAR
- Iliopsoas
- Ilíaco
- Reto femoral
- Sartório
- Tensor da fáscia lata
- Pectíneo
- Adutor longo
- Grácil

② Dê um passo à frente com a perna direita, colocando ambas as mãos sobre o joelho direito à medida que flexiona o joelho para abaixar a pelve em direção ao solo.

③ Mantenha a cabeça ereta, no nível dos ombros, olhando para a frente, e sustente a posição por 15 segundos. Repita a sequência três vezes em cada perna.

ALVO
- Flexores do quadril

32 • MUSCULAÇÃO – ANATOMIA ILUSTRADA

ALONGAMENTO DA VIRILHA

AQUECIMENTO

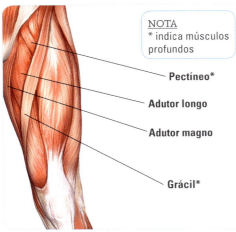

NOTA
* indica músculos profundos

- Pectíneo*
- Adutor longo
- Adutor magno
- Grácil*

FOCO MUSCULAR
- Adutor longo
- Adutor magno
- Pectíneo
- Grácil

1. Sente-se confortavelmente no solo ou sobre um colchonete, com as costas retas.
2. Com os joelhos voltados para fora, segure de leve as pontas dos pés, o mais próximo possível dos dedos, sem ficar desconfortável, e aproxime as plantas dos pés.
3. Sem fazer movimento de vaivém, mantenha as costas retas e pressione devagar os joelhos em direção ao solo, sentindo alongar a parte interna das coxas.
4. Segure por 15 a 30 segundos e repita.

ALVO
- Músculos da virilha

AQUECIMENTO • 33

ALONGAMENTO DOS GLÚTEOS, SENTADO

1. Sente-se confortavelmente no solo ou sobre um colchonete, com as costas retas.
2. Una as mãos em torno do joelho direito e leve o pé direito sobre a coxa esquerda, apoiando o tornozelo na coxa.
3. Ao mesmo tempo, dobre o joelho esquerdo e vire o pé para dentro, de modo que o lado do pé esquerdo fique apoiado no solo, próximo da parte posterior da coxa direita elevada.
4. Segure por 15 segundos e troque de lado. Repita a sequência com o tornozelo esquerdo cruzado, repousando sobre o joelho direito.

NOTA
* indica músculos profundos

- Glúteo mínimo*
- Glúteo médio*
- Piriforme*
- Glúteo máximo

FOCO MUSCULAR
- Glúteo máximo
- Glúteo médio
- Glúteo mínimo
- Piriforme

ALVO
- Músculos glúteos

ALONGAMENTO DOS GLÚTEOS, EM DECÚBITO DORSAL

AQUECIMENTO

1. Deite em decúbito dorsal, com as pernas elevadas e os joelhos flexionados em um ângulo de 90 graus.
2. Leve o tornozelo direito sobre o joelho esquerdo, apoiando-o sobre a coxa esquerda. Coloque as mãos em torno da coxa esquerda.
3. Puxe devagar a coxa na direção do tórax, até sentir alongar os glúteos. Segure por 15 segundos e troque de lado. Repita a sequência com o tornozelo esquerdo cruzado, repousando sobre seu joelho direito.

FOCO MUSCULAR
- Piriforme
- Glúteo máximo
- Glúteo médio
- Glúteo mínimo

ALVO
- Músculos glúteos

NOTA
* indica músculos profundos

ALONGAMENTO DA PANTURRILHA

1. Fique em pé com os pés paralelos e bem unidos, e os braços ao lado do corpo. Coloque um haltere no solo à sua frente.
2. Dê um passo à frente colocando os dedos do pé esquerdo sobre o haltere.
3. Abaixe o calcanhar em direção ao solo até sentir alongar.
4. Segure por 20 a 30 segundos e repita. Mude de lado e repita com a perna direita.

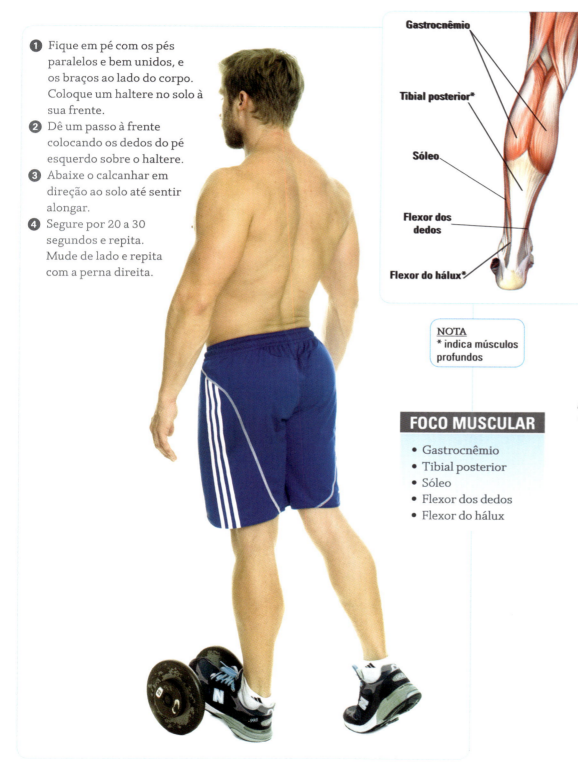

NOTA
* indica músculos profundos

FOCO MUSCULAR
- Gastrocnêmio
- Tibial posterior
- Sóleo
- Flexor dos dedos
- Flexor do hálux

ALVO
- Músculos da panturrilha

TÓRAX E ABDOME

Os grandes músculos do tórax, os peitorais maior e menor, trazem os braços para a frente e para dentro, em direção ao centro do corpo. Os peitorais também trabalham com os ombros e os braços nos movimentos de empurrar. O serrátil anterior tem origem na superfície das costelas superiores, na lateral do tórax. Às vezes, ele é chamado "músculo do boxeador", porque puxa a escápula para a frente, em torno da caixa torácica, no movimento que ocorre quando alguém dá um soco.

Os músculos abdominais, o reto do abdome e o transverso do abdome, estão localizados na parte média inferior do tronco. Os abdominais contraem o corpo para a frente. Os músculos abdominais laterais, os oblíquos externos, estão localizados de cada lado do reto do abdome. Abaixo do oblíquo externo fica o oblíquo interno. Os oblíquos flexionam a caixa torácica e os ossos da pelve juntos, além de girar e inclinar o tronco para os lados.

Trabalhar especificamente esses músculos – em conjunto com uma dieta adequada – resulta em um abdome de aparência musculosa, bem definida, a famosa "barriga tanquinho".

FLEXÃO DE TRONCO NO BOSU®

TÓRAX E ABDOME

① Deite-se em decúbito dorsal sobre um Bosu®, com os ombros e a cabeça fora da superfície, joelhos e quadris flexionados. Lentamente, faça hiperextensão do dorso acompanhando o contorno da bola.

② Coloque as mãos nos lados da cabeça, com os cotovelos flexionados.

a

③ Flexione a cintura para erguer a parte superior do tronco.
④ Volte à posição inicial e repita.

ALVO
- Abdominais superiores

PROCURE
- Iniciar o movimento com os músculos abdominais.
- Deixar a pelve em posição neutra durante o movimento de flexão do tronco.
- Deixar o pescoço relaxado e alongado.

EVITE
- Balançar o corpo para a frente e para trás. Mantenha o dorso estável sobre a bola.
- Prender a respiração – esvazie os pulmões e inspire quando necessário.
- Erguer os ombros para ajudar a levantar o tronco.

b

TÓRAX E ABDOME • 39

FOCO MUSCULAR

- Reto do abdome
- Oblíquo externo do abdome
- Oblíquo interno do abdome
- Transverso do abdome

NOTA
Texto em negrito indica músculos ativos
Texto em cinza indica músculos estabilizadores
* indica músculos profundos

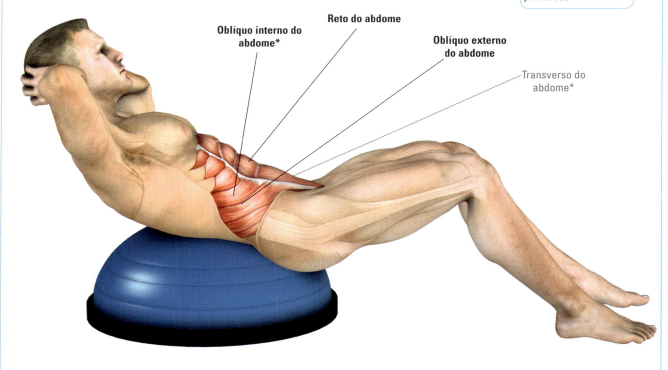

Oblíquo interno do abdome*
Reto do abdome
Oblíquo externo do abdome
Transverso do abdome*

DICAS DO TREINADOR

- Mantenha os pés firmes no solo.
- Se você sentir o pescoço tenso, coloque uma toalha pequena embaixo do osso occipital da cabeça. Segure as pontas da toalha e, mantendo os cotovelos unidos, levante o queixo na direção do teto.
- O Bosu® é o apoio mais indicado para este exercício, mas, se não houver um disponível, use uma bola de estabilidade.

PULL-DOWN COM CORDA

TÓRAX E ABDOME

① Ajoelhe-se no solo em frente ao jogo de polias.
② Segure as pontas da corda do cabo com as mãos.

DICAS DO TREINADOR
• Não prenda a respiração. Esvazie os pulmões e inspire quando necessário.
• Não use a força dos braços para executar o movimento – concentre-se em usar seus músculos abdominais.

③ Incline-se para a frente a partir da cintura, puxe o cabo para baixo e coloque os punhos junto à cabeça.
④ Flexione os quadris para que a resistência na polia do cabo levante o seu tronco e sua coluna fique em hiperextensão.

⑤ Mantendo os quadris fixos, flexione a cintura para que seus cotovelos se movam em direção ao meio de suas coxas. Volte à posição inicial e repita.

ALVO
• Abdominais superiores
• Oblíquos

PROCURE
• Concentrar o movimento na cintura.

EVITE
• Deslocar o quadril depois de iniciar o movimento.

FOCO MUSCULAR
• Reto do abdome
• Oblíquo interno do abdome
• Oblíquo externo do abdome
• Serrátil anterior
• Iliopsoas
• Tensor da fáscia lata
• Reto femoral
• Sartório
• Latíssimo do dorso
• Redondo maior
• Deltoide (parte espinal)
• Tríceps braquial
• Romboide
• Trapézio
• Peitoral maior
• Peitoral menor

TÓRAX E ABDOME • 41

MODIFICAÇÃO
Dificuldade semelhante: siga os passos de 1 a 4, e então, ao se curvar para a frente pela cintura, vire para um dos lados, levando o cotovelo na direção do meio da coxa oposta.

MODIFICAÇÃO
Mais difícil: siga as instruções anteriores, virando mais o corpo, visando alcançar o joelho oposto com o cotovelo.

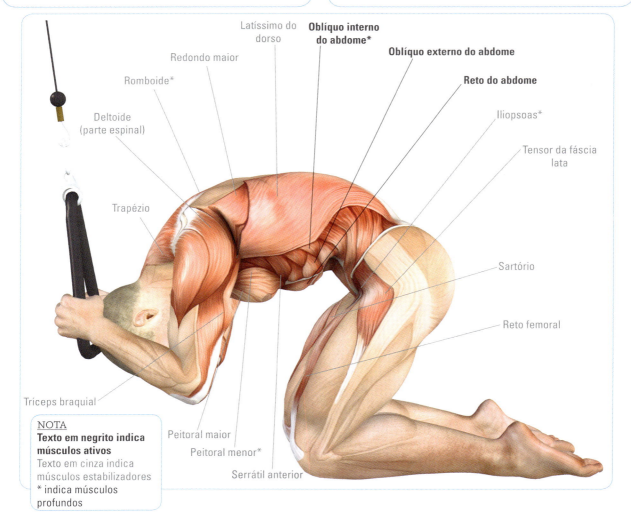

- Latíssimo do dorso
- **Oblíquo interno do abdome***
- **Oblíquo externo do abdome**
- Redondo maior
- **Reto do abdome**
- Romboide*
- Iliopsoas*
- Deltoide (parte espinal)
- Tensor da fáscia lata
- Trapézio
- Sartório
- Reto femoral
- Tríceps braquial
- Peitoral maior
- Peitoral menor*
- Serrátil anterior

NOTA
Texto em negrito indica músculos ativos
Texto em cinza indica músculos estabilizadores
* indica músculos profundos

INCLINAÇÃO LATERAL COM CABOS

TÓRAX E ABDOME

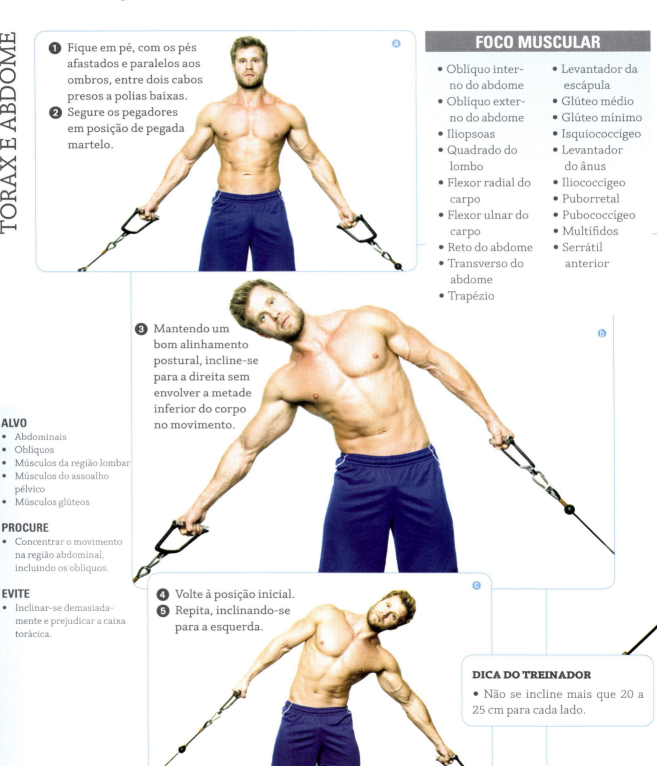

1. Fique em pé, com os pés afastados e paralelos aos ombros, entre dois cabos presos a polias baixas.
2. Segure os pegadores em posição de pegada martelo.
3. Mantendo um bom alinhamento postural, incline-se para a direita sem envolver a metade inferior do corpo no movimento.
4. Volte à posição inicial.
5. Repita, inclinando-se para a esquerda.

FOCO MUSCULAR

- Oblíquo interno do abdome
- Oblíquo externo do abdome
- Iliopsoas
- Quadrado do lombo
- Flexor radial do carpo
- Flexor ulnar do carpo
- Reto do abdome
- Transverso do abdome
- Trapézio
- Levantador da escápula
- Glúteo médio
- Glúteo mínimo
- Isquiococcígeo
- Levantador do ânus
- Iliococcígeo
- Puborretal
- Pubococcígeo
- Multífidos
- Serrátil anterior

ALVO
- Abdominais
- Oblíquos
- Músculos da região lombar
- Músculos do assoalho pélvico
- Músculos glúteos

PROCURE
- Concentrar o movimento na região abdominal, incluindo os oblíquos.

EVITE
- Inclinar-se demasiadamente e prejudicar a caixa torácica.

DICA DO TREINADOR
- Não se incline mais que 20 a 25 cm para cada lado.

TÓRAX E ABDOME • 43

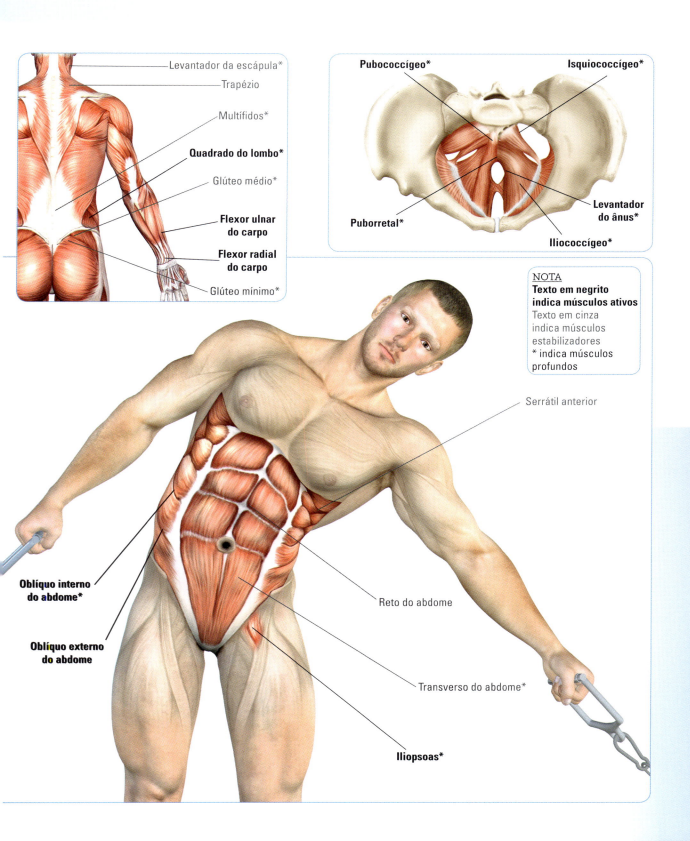

CRUCIFIXO COM CABOS

TÓRAX E ABDOME

① Fique em pé entre dois cabos presos a polias altas. Segure os pegadores altos, um de cada vez.

② Centralize seu corpo entre os pegadores.
③ Dê um passo completo para trás, trazendo as mãos em direção às coxas.

FOCO MUSCULAR
- Peitoral maior
- Peitoral menor*
- Romboide*
- Levantador da escápula*
- Deltoide (parte clavicular)
- Latíssimo do dorso
- Bíceps braquial
- Braquial
- Tríceps braquial
- Flexor radial do carpo
- Flexor ulnar do carpo
- Reto do abdome
- Oblíquo externo do abdome
- Oblíquo interno do abdome
- Eretor da espinha
- Serrátil anterior

ALVO
- Região superior do tórax

PROCURE
- Manter suas mãos sempre voltadas uma para a outra na posição de pegada martelo.
- Manter seus braços totalmente estendidos durante todo o movimento.

EVITE
- Estender demasiadamente os braços para trás, pois isso compromete sua técnica e pode causar lesão do manguito rotador.

④ Dê um passo à frente e comece o exercício com as mãos voltadas uma para a outra, logo abaixo do tórax. Coloque uma perna na frente da outra e afunde ligeiramente para a frente, apoiando seu peso no pé à frente.

⑤ Estenda seus braços para trás e para fora, lateralmente, até sentir um ligeiro alongamento no tórax.

DICAS DO TREINADOR
- Utilize uma carga leve até dominar o movimento e se sentir confiante de que tem força para executá-lo.
- Mantenha os cotovelos ligeiramente flexionados. Isso aliviará o estresse sobre a articulação do ombro.

TÓRAX E ABDOME • 45

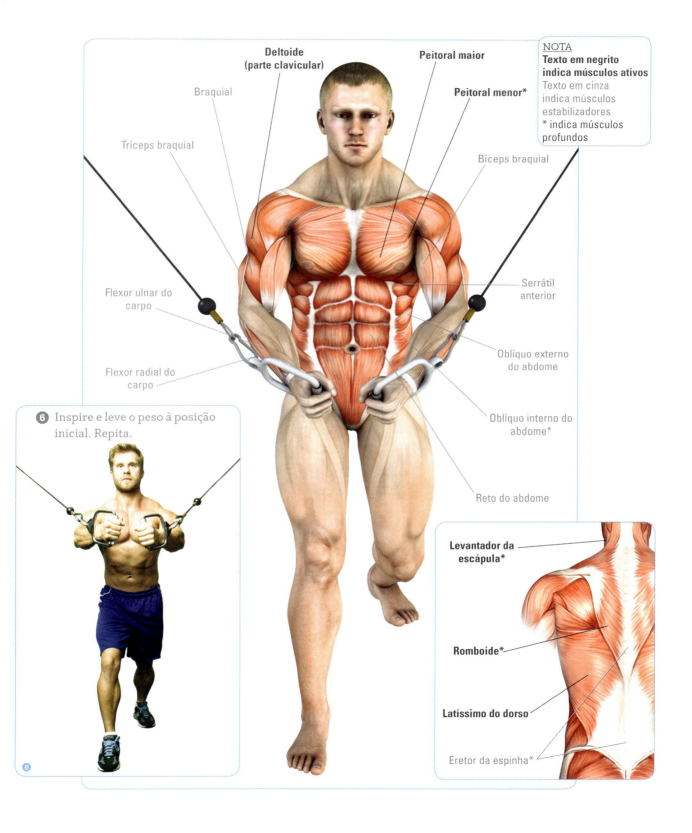

NOTA
Texto em negrito indica músculos ativos
Texto em cinza indica músculos estabilizadores
* indica músculos profundos

❻ Inspire e leve o peso à posição inicial. Repita.

SUPINO INCLINADO COM PEGADA INVERTIDA

TÓRAX E ABDOME

❶ Usando um banco inclinado, coloque os halteres sobre as coxas e depois levante-os enquanto apoia as costas no banco.

❷ Comece com os cotovelos junto às costelas, os halteres abaixo do tórax e as palmas das mãos voltadas para você.

❸ Levante os halteres em linha reta, girando o punho meia volta para que as palmas das mãos fiquem voltadas para a frente.

❹ Abaixe os halteres, novamente fazendo uma meia volta com o punho e retorne à posição inicial.

❺ Leve os halteres de volta para as coxas.

ALVO
- Região superior do tórax

PROCURE
- Manter seus cotovelos junto às costelas. Segure os halteres com os punhos na posição adequada.
- Manter seus pés firmemente apoiados no solo.

EVITE
- Erguer os glúteos ou as costas do banco para auxiliar o movimento.
- Erguer os ombros em direção às orelhas.
- Fazer hiperextensão dos braços no ponto mais alto do movimento.

DICA DO TREINADOR
- Relaxe a mandíbula, expire ao levantar os halteres e inspire ao abaixá-los.

TÓRAX E ABDOME • 47

FOCO MUSCULAR
- Peitoral maior
- Deltoide (parte clavicular)
- Tríceps braquial
- Bíceps braquial

Deltoide (parte clavicular)

Bíceps braquial

Peitoral maior

Tríceps braquial

NOTA
Texto em negrito indica músculos ativos
Texto em cinza indica músculos estabilizadores
* indica músculos profundos

SUPINO COM PEGADA MARTELO

TÓRAX E ABDOME

① Sente-se no banco inclinado, segurando um par de halteres sobre as coxas.

② Levante os halteres enquanto se encosta no banco, para poder começar o movimento com os cotovelos junto às costelas e os halteres ao lado do tórax. As palmas das mãos devem estar voltadas uma para a outra, na posição de pegada martelo.

③ Levante os halteres em direção ao teto até que eles estejam diretamente acima dos ombros. Mantenha essa posição por um momento.

④ Abaixe lentamente os halteres até os ombros e depois volte à posição inicial. Repita.

ALVO
- Região superior do tórax

PROCURE
- Isolar os músculos do tórax.
- Manter os halteres voltados um para o outro durante a execução do movimento.

EVITE
- Erguer os pés do solo.
- Erguer os glúteos e as costas durante o exercício.
- Fazer hiperextensão dos braços no ponto mais alto do movimento.

TÓRAX E ABDOME • 49

FOCO MUSCULAR

- Peitoral maior
- Peitoral menor
- Deltoide (parte clavicular)
- Tríceps braquial

DICAS DO TREINADOR

• É essencial manter o punho em posição correta – nesse caso, "punhos de boxeador".
• Relaxe os músculos do pescoço e da mandíbula.
• Expire ao levantar os halteres e inspire ao abaixá-los.
• Mantenha os cotovelos junto ao corpo durante o exercício.

Peitoral menor*

Deltoide (parte clavicular)

Tríceps braquial

Peitoral maior

NOTA
Texto em negrito indica músculos ativos
Texto em cinza indica músculos estabilizadores
* indica músculos profundos

TÓRAX E ABDOME

FLEXÕES COM ANILHAS

1 Deite-se em decúbito ventral no solo com as mãos afastadas ligeiramente para fora da linha dos ombros e as pontas dos dedos alinhadas com a clavícula. Afaste os pés cerca de 15 a 20 cm e apoie as pontas dos pés no solo; erga o corpo estendendo os braços, fazendo força sobre o solo com as mãos enquanto mantém o corpo reto.

DICAS DO TREINADOR
- Use os músculos abdominais para sustentar seu peso.
- Mantenha o foco visual em um objeto que esteja cerca de 60 cm à sua frente.
- Execute o exercício até a falha muscular.

ALVO
- Regiões superior, média e inferior do tórax

PROCURE
- Manter seu corpo (acima e abaixo da cintura) reto durante todo o movimento.
- Manter a pelve ligeiramente encaixada durante o movimento.
- Elevar o tórax.

EVITE
- Apontar os cotovelos para os lados – eles devem ficar alinhados ao seu corpo.
- Fazer hiperextensão dos braços no ponto mais alto do movimento.

2 Peça a um parceiro de treino que coloque uma anilha de 20,5 kg sobre a parte superior do seu dorso, entre as escápulas. Se necessário, use uma toalha sobre a região média-superior das costas para evitar que a anilha irrite a pele e cause desconforto.

FOCO MUSCULAR
- Peitoral maior
- Deltoide (parte clavicular)
- Tríceps braquial
- Bíceps braquial
- Reto do abdome
- Oblíquo interno do abdome
- Oblíquo externo do abdome
- Reto femoral
- Vasto lateral
- Vasto intermédio
- Vasto medial
- Peitoral menor
- Serrátil anterior

TÓRAX E ABDOME • 51

❸ Lentamente, abaixe o corpo flexionando os braços, mantendo o corpo todo no mesmo plano, dos ombros aos pés.
❹ Volte à posição inicial e repita.

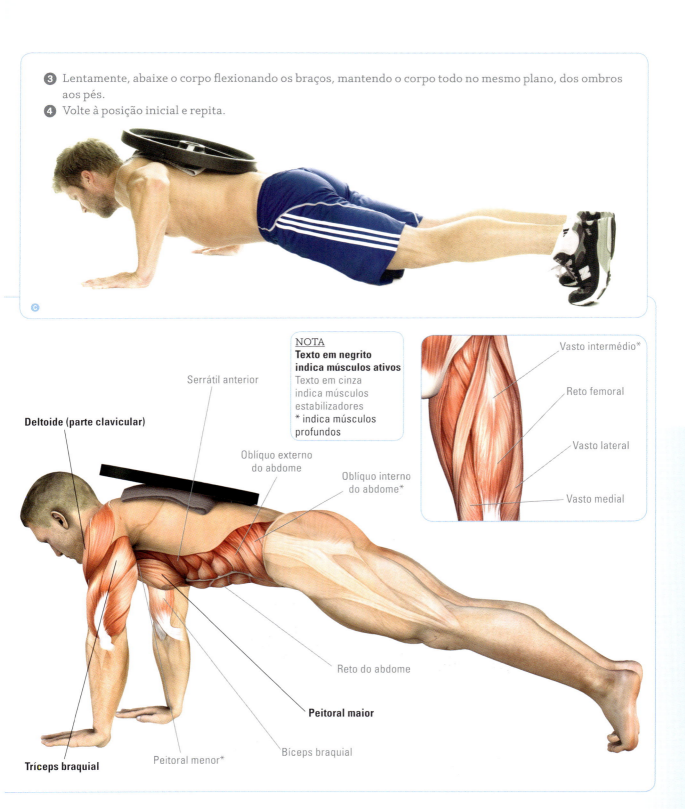

PULLOVER COM HALTERE

TÓRAX E ABDOME

① Coloque um haltere sobre um banco reto e apoie a parte superior das costas sobre o banco.

② Pegue o haltere, colocando as palmas das mãos sob a parte superior do peso.

③ Levante o haltere sobre o tórax e abaixe levemente o corpo sobre o banco para que a cabeça, o pescoço e a parte superior das costas fiquem apoiados.

④ Levante o haltere acima do tórax para chegar à posição inicial.

DICAS DO TREINADOR
- Certifique-se sempre de que o haltere seja seguro.
- Este exercício deve ser realizado com extrema cautela. Se você não tiver experiência, peça ajuda a um instrutor.

FOCO MUSCULAR
- Latíssimo do dorso
- Redondo maior
- Tríceps braquial
- Deltoide (partes espinal e clavicular)
- Peitoral menor
- Romboide
- Levantador da escápula
- Flexor radial do carpo
- Flexor ulnar do carpo

ALVO
- Regiões superior, média e inferior do tórax

PROCURE
- Manter as costas, glúteos e posteriores da coxa alinhados durante toda a amplitude de movimento.

EVITE
- Travar os cotovelos durante o movimento.
- Baixar demasiadamente o haltere atrás da cabeça, porque se ele for muito para baixo poderá causar tensão exagerada no pescoço, nas costas e nos braços.

TÓRAX E ABDOME • 53

5. Com os cotovelos ligeiramente flexionados, abaixe o haltere para trás, sobre você. Não deixe que o haltere ultrapasse a linha de sua cabeça.
6. Com cuidado, volte à posição inicial.

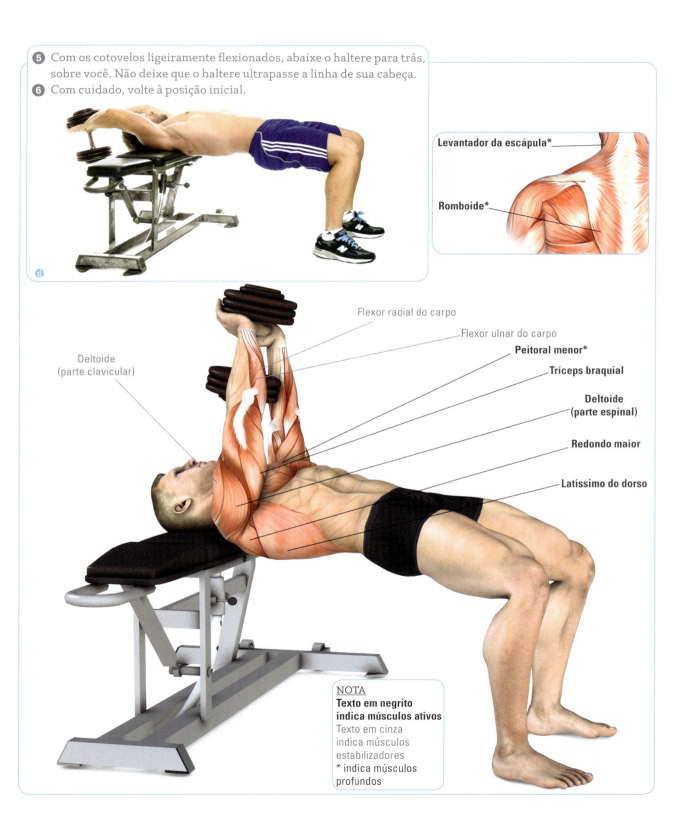

NOTA
Texto em negrito indica músculos ativos
Texto em cinza indica músculos estabilizadores
* indica músculos profundos

CRUCIFIXO COM HALTERES

TÓRAX E ABDOME

① Segurando um haltere em cada mão, sente-se no banco inclinado com os ombros em posição mais alta que o quadril. Para começar, coloque os halteres sobre as coxas.

② Deite-se no banco inclinado e, mantendo os cotovelos junto ao corpo, levante os halteres até a altura dos ombros.

③ Levante os halteres acima do tórax, com as palmas das mãos voltadas uma para a outra, na posição de pegada martelo. Mantenha os cotovelos flexionados e as escápulas em contato com o banco.

④ Mantenha a coluna em posição neutra e apoie os pés totalmente no solo. Levante os halteres acima do tórax até que os cotovelos fiquem apenas ligeiramente flexionados.

ALVO
- Região média do tórax

PROCURE
- Erguer o tórax e a caixa torácica à medida que abaixa os halteres.
- Manter a coluna e os ombros na mesma posição ao voltar à postura inicial.
- Manter os cotovelos no plano horizontal, paralelo ao banco, quando alcançar o ponto mais baixo do movimento.

EVITE
- Mover a cabeça ou o queixo para a frente ou afastar a cabeça do banco.
- Elevar os ombros.
- Flexionar demasiadamente os cotovelos ao abaixar os halteres, ou estendê-los em excesso ao levantar os halteres.

DICAS DO TREINADOR
- Assuma a posição inicial corretamente.
- Quando executado corretamente, este movimento se assemelha àquele de abraçar uma árvore.
- Mantenha sua pegada firme e os músculos dos braços – tanto o bíceps como o tríceps – contraídos.

FOCO MUSCULAR
- Peitoral maior
- Deltoide (partes clavicular e espinal)
- Bíceps braquial
- Coracobraquial
- Braquial
- Tríceps braquial
- Flexor radial do carpo
- Flexor dos dedos
- Extensor dos dedos
- Braquiorradial
- Extensor radial do carpo
- Serrátil anterior
- Reto do abdome
- Subescapular

TÓRAX E ABDOME • 55

5 Mantenha os cotovelos flexionados, inspire enquanto abre os braços até que as mãos cheguem a um ponto logo abaixo da altura do tórax. Retorne à posição inicial, comprimindo o tórax e trazendo os halteres de volta pelo mesmo trajeto descrito para a descida, expirando durante o movimento.

NOTA
Texto em negrito indica músculos ativos
Texto em cinza indica músculos estabilizadores
* indica músculos profundos

SUPINO RETO NO SMITH

TÓRAX E ABDOME

1. Deite-se em decúbito dorsal no Smith com a região superior do tórax posicionada sob a barra.

2. Segure a barra com pegada pronada. Desencaixe a barra girando-a para trás ou para a frente.

FOCO MUSCULAR
- Peitoral maior
- Deltoide (parte clavicular)
- Tríceps braquial
- Coracobraquial
- Bíceps braquial

ALVO
- Região média do tórax

PROCURE
- Fazer um movimento homogêneo.
- Manter a caixa torácica aberta e elevada na fase descendente.
- Manter os ombros retraídos e distantes das orelhas na fase ascendente.

EVITE
- Empurrar o peso para cima com um solavanco.
- Posicionar as mãos muito afastadas, pois isso irá comprometer a amplitude de movimento.
- Fazer hiperextensão dos braços no ponto mais alto do movimento, pois isso irá retirar o peso dos músculos que estão em contração.

3. Abaixe a barra até o tórax e depois force para cima até que os braços estejam totalmente estendidos.
4. Volte à posição inicial e repita.

TÓRAX E ABDOME • 57

Deltoide (parte clavicular) · **Peitoral maior** · Bíceps braquial · **Tríceps braquial**

Coracobraquial*

NOTA
Texto em negrito indica músculos ativos
Texto em cinza indica músculos estabilizadores
* indica músculos profundos

DICA DO TREINADOR
• Mantenha o corpo estável durante o levantamento da barra, com a cabeça, os ombros e o quadril em contato com o banco durante todo o movimento.

ELEVAÇÃO COM CABOS

TÓRAX E ABDOME

1. Fique em pé entre dois cabos, com os pés afastados e paralelos aos ombros, e a pelve encaixada. Segure os pegadores, um de cada vez.
2. Centralize o corpo entre os pegadores.
3. Comece com os braços nas laterais do corpo, os cotovelos apontando para a parede atrás de você e as palmas das mãos voltadas para a frente. Você deverá sentir alongar ligeiramente o tórax.

DICA DO TREINADOR
- Mantenha os ombros abaixados, para trás, e o tórax elevado.

4. Inicie o movimento trazendo as mãos para cima e para longe do corpo.

5. Puxe os cabos para cima, formando uma pirâmide, até juntar os pegadores logo acima do umbigo e continue até uma posição ligeiramente acima do tórax.
6. Leve o peso de volta à posição inicial. Repita.

ALVO
- Região inferior do tórax

PROCURE
- Manter os joelhos ligeiramente flexionados.
- Manter a mandíbula relaxada.

EVITE
- Relaxar o tórax durante o exercício.
- Girar as palmas das mãos para dentro ao levar o peso à posição inicial.

TÓRAX E ABDOME • 59

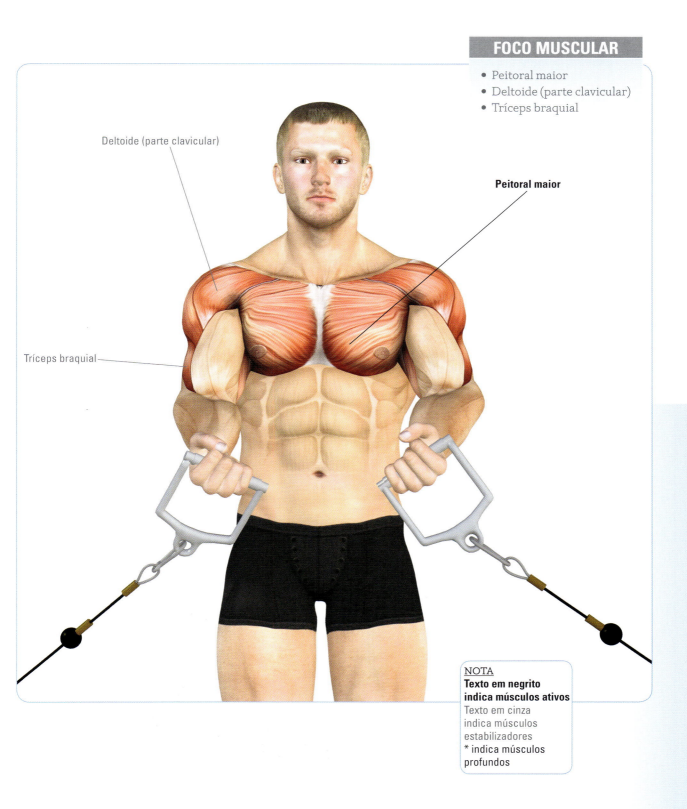

FOCO MUSCULAR

- Peitoral maior
- Deltoide (parte clavicular)
- Tríceps braquial

NOTA
Texto em negrito indica músculos ativos
Texto em cinza indica músculos estabilizadores
* indica músculos profundos

CRUCIFIXO INCLINADO COM CABOS

TÓRAX E ABDOME

1. Coloque um banco inclinado entre dois cabos presos a polias altas.
2. Segure os pegadores com as palmas das mãos voltadas uma para a outra e os cotovelos ligeiramente flexionados (como se estivesse abraçando uma árvore).
3. Estenda os braços, afastando-os do corpo, para chegar à posição inicial.
4. Puxe os cabos até que se encontrem acima do tórax.
5. Leve os cabos de volta à posição inicial. Repita.

DICA DO TREINADOR
- Mantenha a posição de "abraçar a árvore" durante todo o exercício.

FOCO MUSCULAR
- Peitoral maior
- Deltoide (parte clavicular)
- Bíceps braquial
- Braquial
- Tríceps braquial
- Flexor radial do carpo
- Flexor ulnar do carpo

ALVO
- Região inferior do tórax

PROCURE
- Manter a pegada firme, sem flexionar o punho.

EVITE
- Afastar a região lombar do banco. Mantenha os pés firmemente apoiados no solo.

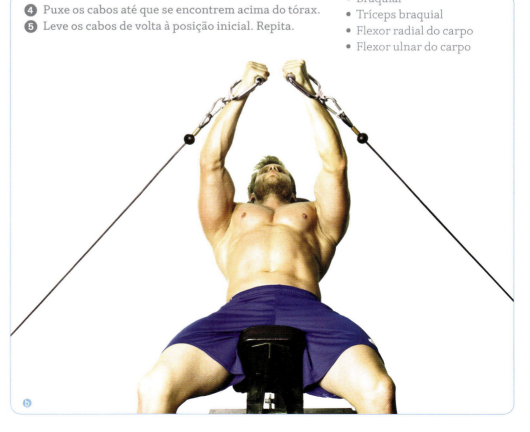

TÓRAX E ABDOME • 61

MODIFICAÇÃO

Dificuldade semelhante: siga os passos 1 e 2, mas comece o exercício com as palmas das mãos voltadas para a frente e os braços em ângulo de 90 graus. Puxe os cabos até que se encontrem acima do tórax. Leve os cabos de volta à posição inicial e repita. Este exercício também é chamado de supino com cabos.

NOTA
Texto em negrito indica músculos ativos
Texto em cinza indica músculos estabilizadores
* indica músculos profundos

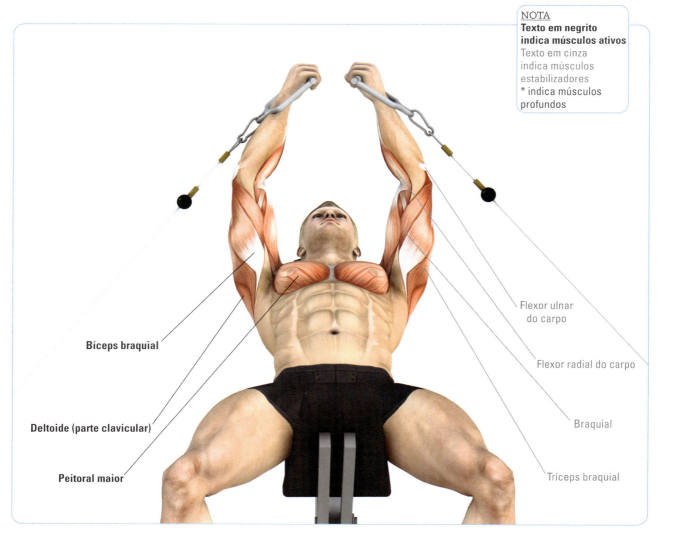

Bíceps braquial

Deltoide (parte clavicular)

Peitoral maior

Flexor ulnar do carpo

Flexor radial do carpo

Braquial

Tríceps braquial

CRUCIFIXO COM CABOS MODIFICADO

TÓRAX E ABDOME

① Ajuste dois cabos nas polias mais altas. Segure um dos pegadores, depois alcance o outro.

② Centralize o corpo entre os pegadores. Fique em pé, com os pés afastados e paralelos aos ombros e os joelhos ligeiramente flexionados.

ALVO
- Região inferior do tórax

PROCURE
- Manter os ombros abaixados e distantes das orelhas, e o tórax elevado.

EVITE
- Inclinar-se demais para a frente.
- Mover a região lombar da coluna.

③ Com os cotovelos ligeiramente flexionados e as palmas das mãos voltadas uma para a outra, puxe os braços para baixo em ângulo, para que os pegadores se encontrem à frente de seu corpo.

④ Leve o peso de volta à posição inicial e repita.

DICA DO TREINADOR
- Expire ao abaixar o peso e inspire ao voltar à posição inicial.

TÓRAX E ABDOME • 63

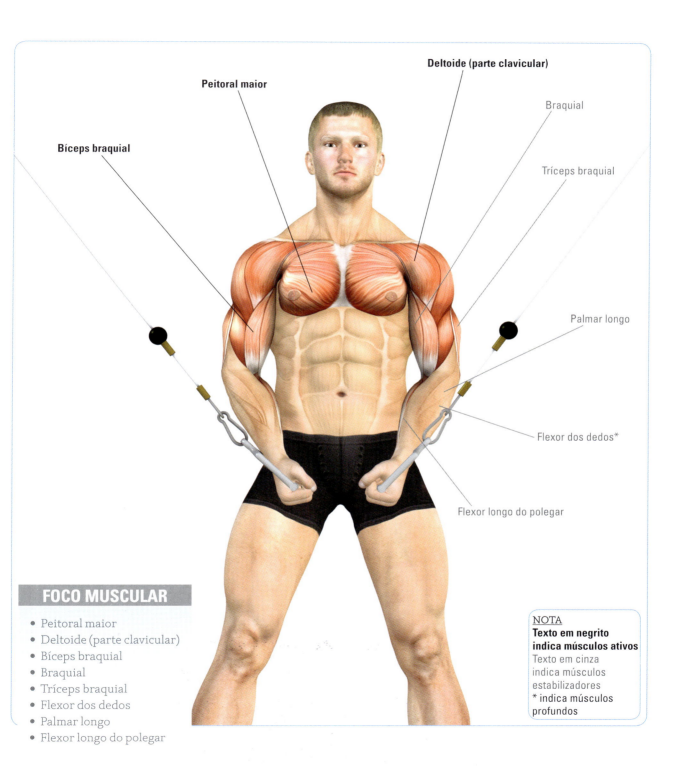

FOCO MUSCULAR

- Peitoral maior
- Deltoide (parte clavicular)
- Bíceps braquial
- Braquial
- Tríceps braquial
- Flexor dos dedos
- Palmar longo
- Flexor longo do polegar

NOTA
Texto em negrito indica músculos ativos
Texto em cinza indica músculos estabilizadores
* indica músculos profundos

DORSO

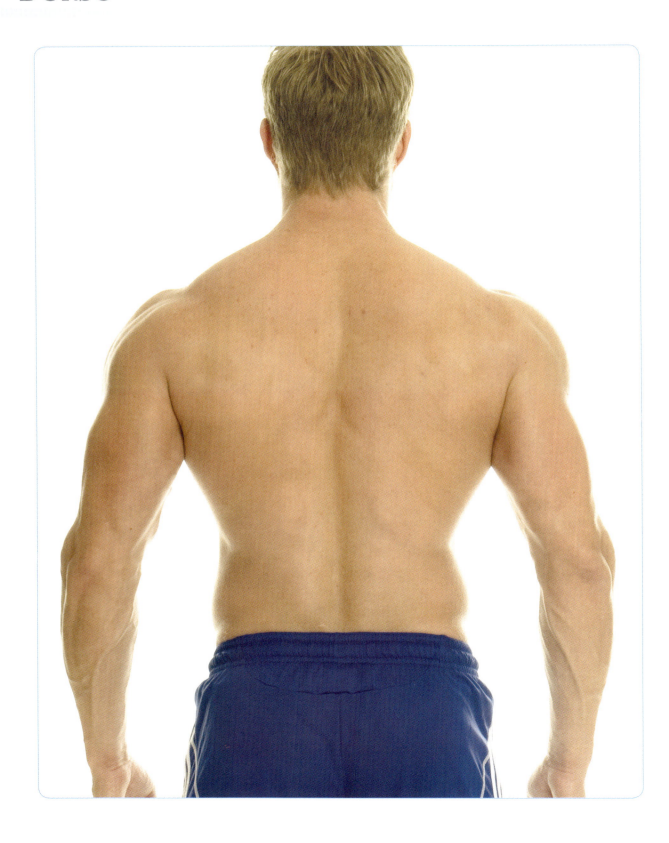

Os músculos do dorso são essenciais para a vida diária, pois movimentam a coluna, os quadris, a cabeça, os braços e a pelve. Esse grupo muscular inclui os latíssimos do dorso, que são músculos grandes, em formato de leque, localizados na parte dorsal do tronco, que atuam puxando os braços para baixo e para trás. Os latíssimos bem desenvolvidos dão aos fisiculturistas e halterofilistas aquele tronco característico em forma de "V". O trapézio é um músculo achatado, triangular, que cobre a parte de trás do pescoço, ombros e tórax. A parte superior do trapézio eleva o ombro e fixa o cíngulo do membro superior quando se carrega peso.

Outros músculos importantes do dorso são o redondo maior, o eretor da espinha, o quadrado do lombo e o multífido.

REMADA NO BANCO INCLINADO

DORSO

❶ Segure um haltere em cada mão, monte sobre um banco inclinado, com o rosto voltado para o banco.

❷ Incline-se para a frente e coloque os halteres sobre o banco com cuidado.

❸ Segure os halteres com as palmas das mãos voltadas uma para a outra na posição de pegada martelo, e role os halteres para fora do banco enquanto abaixa lentamente seu corpo até que o tórax esteja apoiado no banco.

❹ Mantenha os cotovelos junto às laterais do seu corpo, e levante-os na direção do teto a fim de erguer os halteres.

❺ Abaixe os halteres de volta à posição inicial e repita.

ALVO
- Dorso

PROCURE
- Manter o tórax elevado durante todo o exercício.
- Manter os pés firmemente apoiados no solo.

EVITE
- Acelerar este exercício.
- Usar impulso para erguer os halteres.
- Manter o pescoço e a mandíbula tensos.
- Escorregar para baixo no banco durante o exercício.

DICAS DO TREINADOR
- Este exercício deve ser executado com cuidado e cautela.
- Na posição inicial, primeiro posicione a pelve no banco, depois o abdome e por último o tórax sobre os halteres. Certifique-se de colocar os halteres em posição com o tórax bem controlado.
- Para proteger as costas e os ombros, abaixe os halteres com cuidado ao finalizar o exercício.

DORSO • 67

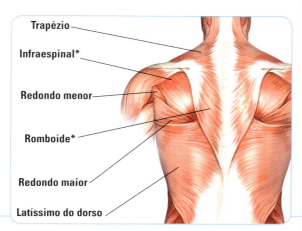

- Trapézio
- Infraespinal*
- Redondo menor
- Romboide*
- Redondo maior
- Latíssimo do dorso

NOTA
Texto em negrito indica músculos ativos
Texto em cinza indica músculos estabilizadores
* indica músculos profundos

MODIFICAÇÃO
Dificuldade semelhante: siga as instruções da remada no banco inclinado, mas segure os halteres com as mãos voltadas para trás.

ⓐ

ⓑ

- **Deltoide (parte espinal)**
- **Braquial**
- Tríceps braquial
- **Peitoral maior**
- Bíceps braquial
- **Braquiorradial**

FOCO MUSCULAR

- Trapézio
- Romboide
- Latíssimo do dorso
- Redondo maior
- Deltoide (parte espinal)
- Infraespinal
- Redondo menor
- Braquial
- Braquiorradial
- Peitoral maior
- Bíceps braquial
- Tríceps braquial

ENCOLHIMENTO COM HALTERES

DORSO

① Segure um haltere em cada mão, fique em pé, com os pés afastados e paralelos aos ombros, e os joelhos ligeiramente flexionados.

② Erga os ombros na vertical, em direção às orelhas.
③ Leve os ombros de volta à posição inicial com um movimento lento e firme. Repita.

ALVO
- Parte superior do dorso

PROCURE
- Elevar o tórax durante o movimento para cima.
- Manter a mandíbula relaxada durante todo o exercício.
- Manter os cotovelos apontados para trás.

EVITE
- Flexionar os cotovelos – erga os ombros na vertical, em direção às orelhas.

DICAS DO TREINADOR
- Expire ao erguer os ombros e inspire ao abaixar os halteres.
- Ao terminar o exercício, solte os halteres com cuidado. Flexione os joelhos e apoie o peso nas pernas – não nas costas – ao abaixar os halteres.

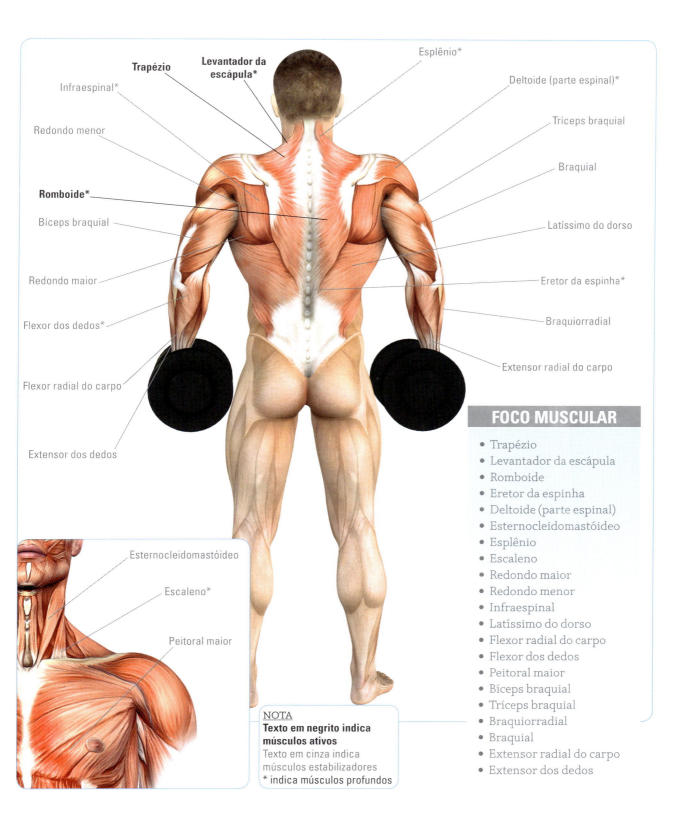

FOCO MUSCULAR

- Trapézio
- Levantador da escápula
- Romboide
- Eretor da espinha
- Deltoide (parte espinal)
- Esternocleidomastóideo
- Esplênio
- Escaleno
- Redondo maior
- Redondo menor
- Infraespinal
- Latíssimo do dorso
- Flexor radial do carpo
- Flexor dos dedos
- Peitoral maior
- Bíceps braquial
- Tríceps braquial
- Braquiorradial
- Braquial
- Extensor radial do carpo
- Extensor dos dedos

NOTA
Texto em negrito indica músculos ativos
Texto em cinza indica músculos estabilizadores
* indica músculos profundos

DORSO

REMADA COM PESO LIVRE

DICAS DO TREINADOR
- Este é um excelente exercício para mulheres.
- Tente avançar o tórax e tocar a superfície plana da anilha em cada repetição.
- Contraia os músculos do braço durante o movimento.
- Controle com cuidado a velocidade de subida e descida do peso. Tenha cuidado para não deixar cair o peso, pois isso pode causar lesões graves.

❶ Em pé, com os pés paralelos e afastados ligeiramente além da linha dos ombros, segure uma anilha com ambas as mãos.

❷ Incline-se para a frente pela cintura, flexionando ligeiramente os joelhos.

ALVO
- Parte superior do dorso

PROCURE
- Trabalhar os glúteos e os posteriores da coxa durante o exercício.
- Manter o queixo elevado durante todo o exercício.
- Manter o pescoço alongado durante todo o exercício.

EVITE
- Relaxar o tórax.
- Girar os ombros para dentro.
- Usar impulso para erguer o peso.

❸ Mantenha os cotovelos bem juntos ao corpo, estenda os braços em direção ao solo.
❹ Levante o peso de volta até a posição inicial e repita.

FOCO MUSCULAR
- Trapézio
- Latíssimo do dorso
- Deltoide (parte espinal)
- Tríceps braquial
- Braquial
- Braquiorradial
- Redondo maior
- Eretor da espinha
- Bíceps braquial
- Peitoral maior
- Extensor dos dedos
- Romboide

DORSO • 71

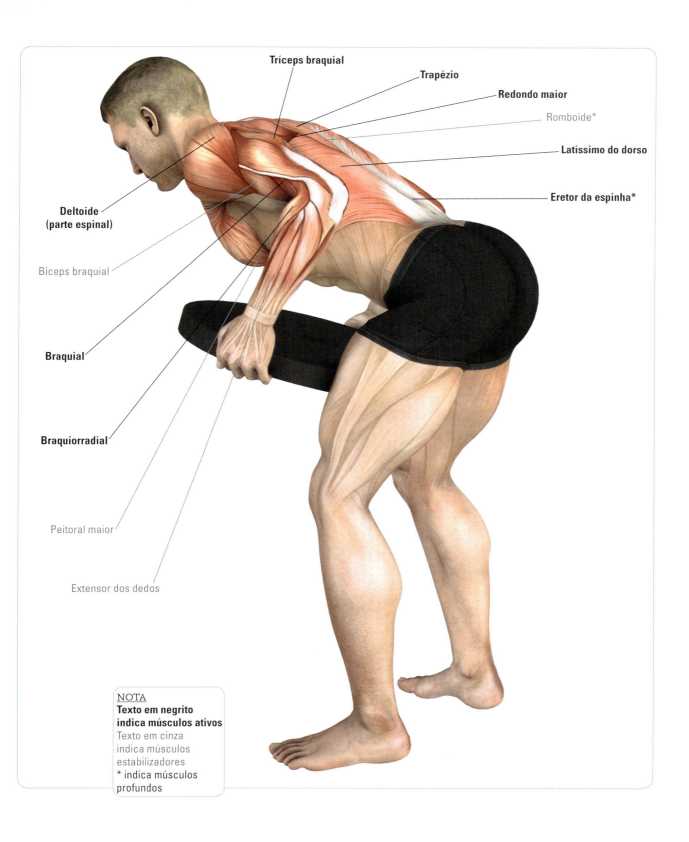

REMADA UNILATERAL COM HALTERE

DORSO

① Segure um haltere na mão esquerda, fique em pé ao lado de um banco inclinado, com os pés bem afastados, além da linha dos ombros.

② Incline-se para a frente e coloque a mão direita sobre o banco. Suas costas devem ficar retas, e os joelhos ligeiramente flexionados. Você deve segurar o haltere na mão esquerda em posição de pegada martelo, com o cotovelo junto às costelas.

③ Movimente o cotovelo em direção ao teto.
④ Abaixe o haltere de volta à posição inicial e repita. Mude de lado e repita a sequência, segurando o haltere na mão direita.

DICAS DO TREINADOR
- Para maior estabilidade, use munhequeiras.
- Mantenha o braço de apoio ligeiramente flexionado.
- Relaxe a mandíbula.

ALVO
- Parte média do dorso

PROCURE
- Manter o tórax elevado.
- Manter a pelve ligeiramente encaixada e as costas retas.

EVITE
- Afastar o cotovelo da caixa torácica.
- Usar impulso para erguer o haltere.

DORSO • 73

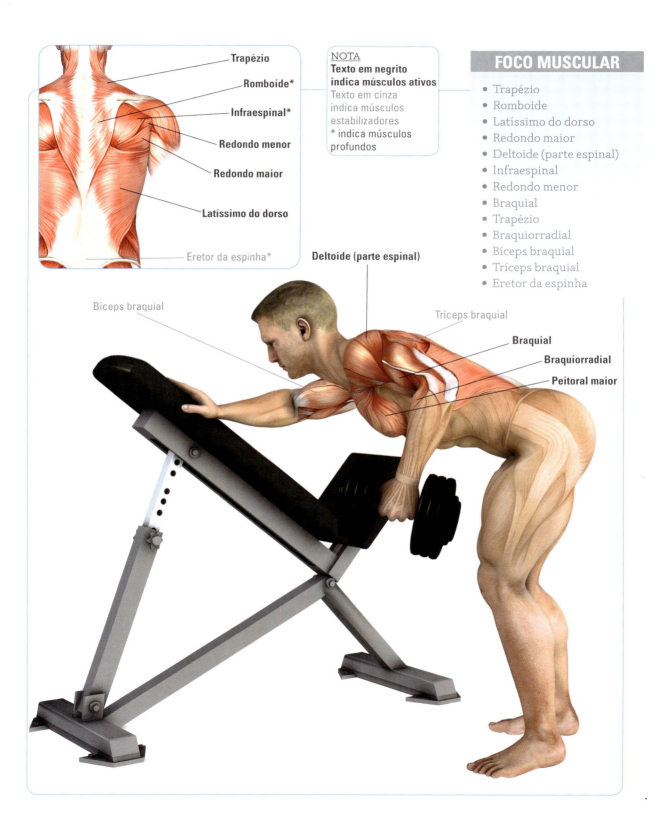

NOTA
Texto em negrito indica músculos ativos
Texto em cinza indica músculos estabilizadores
* indica músculos profundos

FOCO MUSCULAR

- Trapézio
- Romboide
- Latíssimo do dorso
- Redondo maior
- Deltoide (parte espinal)
- Infraespinal
- Redondo menor
- Braquial
- Trapézio
- Braquiorradial
- Bíceps braquial
- Tríceps braquial
- Eretor da espinha

AGACHAMENTO COM CABO

DORSO

1. Prepare o jogo de polias com um pegador simples na posição mais baixa.
2. Fique em pé a cerca de 1 metro do jogo de polias, com os pés afastados e paralelos aos ombros. Segure os pegadores com as palmas das mãos voltadas uma para a outra em pegada martelo.
3. Flexione os joelhos e abaixe o corpo até a posição de agachamento sentado. Essa é a posição inicial.
4. Puxe o cabo em direção ao corpo, mantendo os cotovelos junto às costelas.
5. Leve o peso de volta até a posição inicial e repita.

ALVO
- Partes média e inferior do dorso
- Músculos glúteos

PROCURE
- Manter os glúteos e as coxas sempre contraídos durante a execução deste exercício.

EVITE
- Relaxar o tórax ou girar os ombros para dentro ao levar o peso de volta até a posição inicial.

FOCO MUSCULAR
- Glúteo máximo
- Reto femoral
- Vasto lateral
- Vasto intermédio
- Vasto medial
- Adutor magno
- Sóleo
- Latíssimo do dorso
- Bíceps femoral
- Semitendíneo
- Semimembranáceo
- Gastrocnêmio

DICA DO TREINADOR
- Expire ao puxar o peso e inspire ao estender os braços de volta à posição inicial.

DORSO • 75

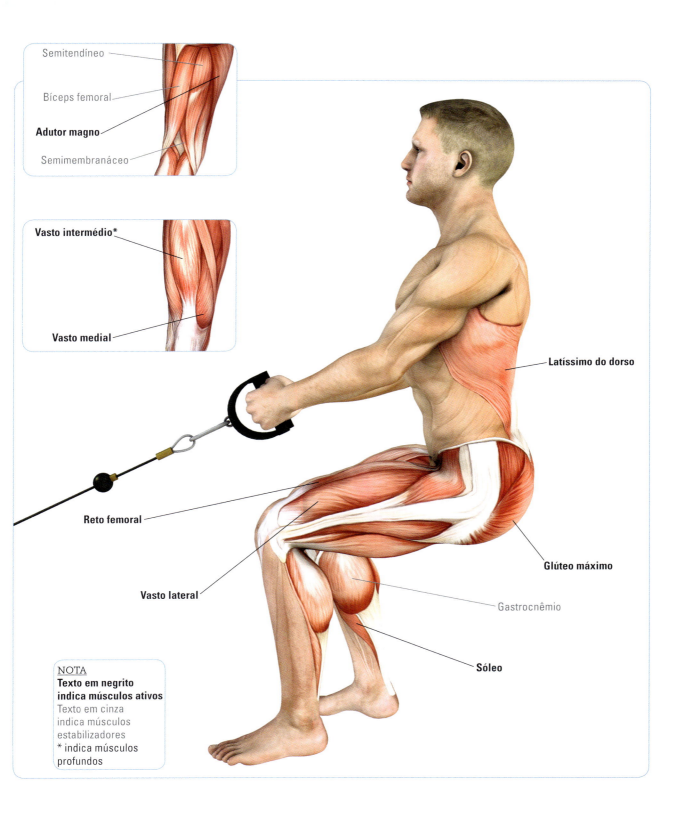

LEVANTAMENTO-TERRA COM HALTERES

DORSO

① Fique em pé, com os pés afastados e paralelos aos ombros e os joelhos ligeiramente flexionados; segure um haltere em cada mão, nas laterais do corpo, com as palmas das mãos voltadas para dentro. Mantenha o tronco ereto e procure juntar as escápulas.

② Incline-se para a frente a partir do quadril, mantendo os joelhos fixos, e abaixe os halteres na direção dos seus pés. Gire as palmas das mãos ligeiramente para dentro, de modo que fiquem voltadas para trás de você durante o movimento de abaixar os halteres, até sentir alongar os músculos posteriores da coxa.

③ Volte à posição inicial e repita.

FOCO MUSCULAR
- Eretor da espinha
- Bíceps femoral
- Semitendíneo
- Glúteo máximo
- Adutor magno
- Semimembranáceo
- Trapézio
- Romboide
- Latíssimo do dorso
- Levantador da escápula
- Reto do abdome
- Oblíquo externo do abdome
- Oblíquo interno do abdome

ALVO
- Parte inferior do dorso

PROCURE
- Manter a coluna sempre na mesma posição durante todo o movimento.
- Flexionar o tronco para a frente na altura do quadril.

EVITE
- Relaxar o tórax e os ombros – mantenha as costas retas.
- Deixar as escápulas deslizarem para a frente.

DICAS DO TREINADOR
- Este exercício não é recomendado para pessoas com problemas na região lombar da coluna. Execute os movimentos com cuidado e cautela.
- Quando executado corretamente, o movimento deve dar a sensação de se estar apanhando algo do solo.
- Expire ao abaixar os halteres e inspire ao voltar à posição inicial.

DORSO • 77

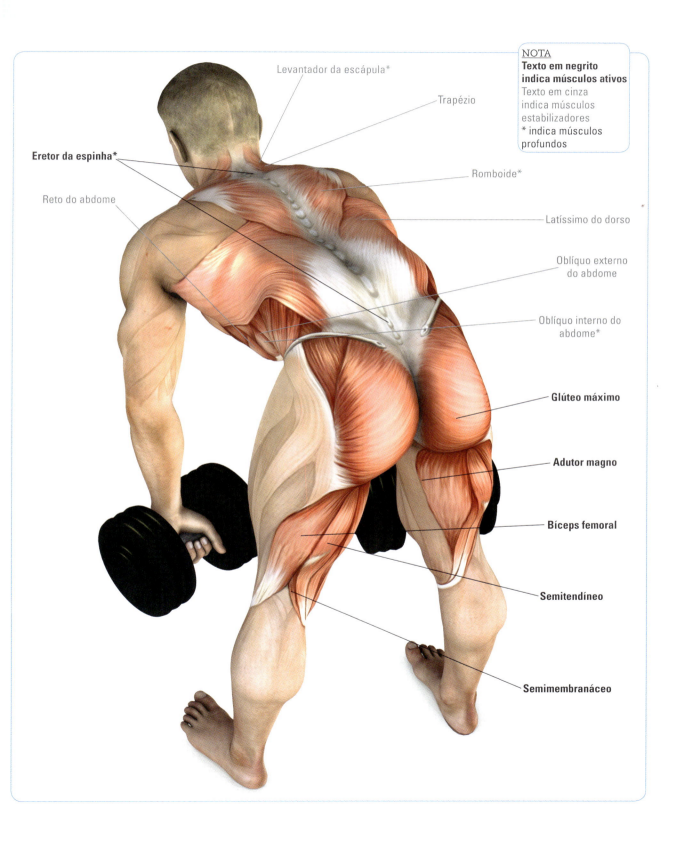

HIPEREXTENSÃO NO BANCO RETO

DORSO

1. Deite-se em decúbito ventral sobre um banco reto com o esterno alinhado à cabeceira do banco. A parte superior do tórax e a cabeça devem ficar para fora.
2. Prenda os pés sob o banco, para se firmar em posição inicial. Coloque as mãos nas laterais da cabeça, com as pontas dos dedos tocando as orelhas.

DICAS DO TREINADOR
- Não prenda a respiração durante este exercício. Expire ao erguer o corpo e inspire ao voltar à posição inicial.
- Use calçados que suportem a força exercida nas laterais do banco.

3. Com os braços dobrados e os cotovelos para fora, eleve a parte superior do corpo afastando-a do banco cerca de 20 a 30 cm.
4. Com cuidado, lentamente, abaixe o corpo de volta à posição inicial. Repita.

ALVO
- Parte inferior do dorso

PROCURE
- Manter os glúteos e as coxas sempre contraídos durante a execução deste exercício.
- Manter o corpo (abaixo da cintura) esticado durante todo o movimento.
- Manter a cabeça em posição neutra.

EVITE
- Elevar os ombros.
- Afastar os ossos do quadril do banco.

FOCO MUSCULAR
- Eretor da espinha
- Glúteo máximo
- Bíceps femoral
- Semitendíneo
- Semimembranáceo
- Adutor magno
- Latíssimo do dorso
- Redondo maior
- Deltoide (parte espinal)
- Tríceps braquial
- Braquial
- Braquiorradial
- Bíceps braquial
- Trapézio
- Peitoral menor
- Romboide
- Multífidos

DORSO • 79

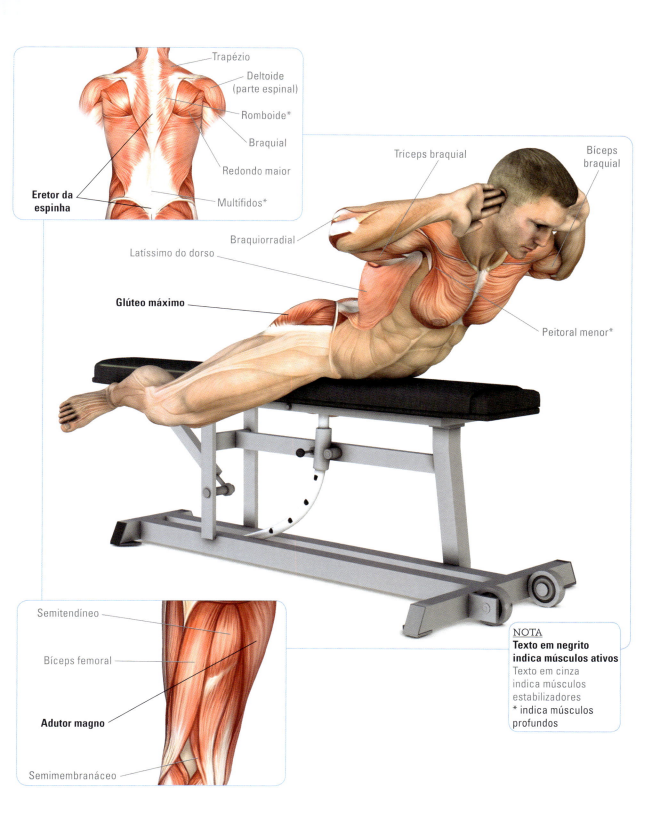

NOTA
Texto em negrito indica músculos ativos
Texto em cinza indica músculos estabilizadores
* indica músculos profundos

GOOD MORNING (FLEXÃO DO TRONCO PARA A FRENTE)

DORSO

1. Coloque a barra em um nível do *rack* que seja adequado à sua altura. Monte a barra com pesos apropriados.
2. Segure a barra com os dois braços, um de cada lado, levante-a e retire-a do *rack*, usando as pernas como apoio e endireitando o tronco.
3. Incline-se para a frente, fique em pé com os pés afastados e paralelos aos ombros, mantenha a cabeça elevada para garantir que suas costas fiquem retas.

DICAS DO TREINADOR
- Inspire ao abaixar o tronco e expire ao levá-lo de volta à posição inicial.
- Para sua segurança, este exercício deve ser executado em um *rack* de agachamento.
- Este é um exercício muito avançado – execute-o com cuidado e cautela. Se não tiver certeza da carga adequada para você, comece com uma bem leve.

ALVO
- Parte inferior do dorso
- Posteriores da coxa

PROCURE
- Manter a cabeça elevada durante todo o movimento.
- Mover o tronco para cima e para baixo, traçando um arco de cerca de 90 graus.

EVITE
- Flexionar o tronco além da linha paralela do solo.

4. Mantenha as pernas fixas, e movimente o tronco para a frente, flexionando-o na altura do quadril. Flexione ligeiramente os joelhos, e incline o tronco até que esteja quase paralelo ao solo.
5. Levante o tronco de volta até a posição inicial e repita.

FOCO MUSCULAR
- Latíssimo do dorso
- Bíceps femoral
- Semitendíneo
- Semimembranáceo
- Glúteo máximo
- Adutor magno
- Eretor da espinha
- Multífidos
- Reto do abdome
- Oblíquo externo do abdome
- Oblíquo interno do abdome

DORSO • 81

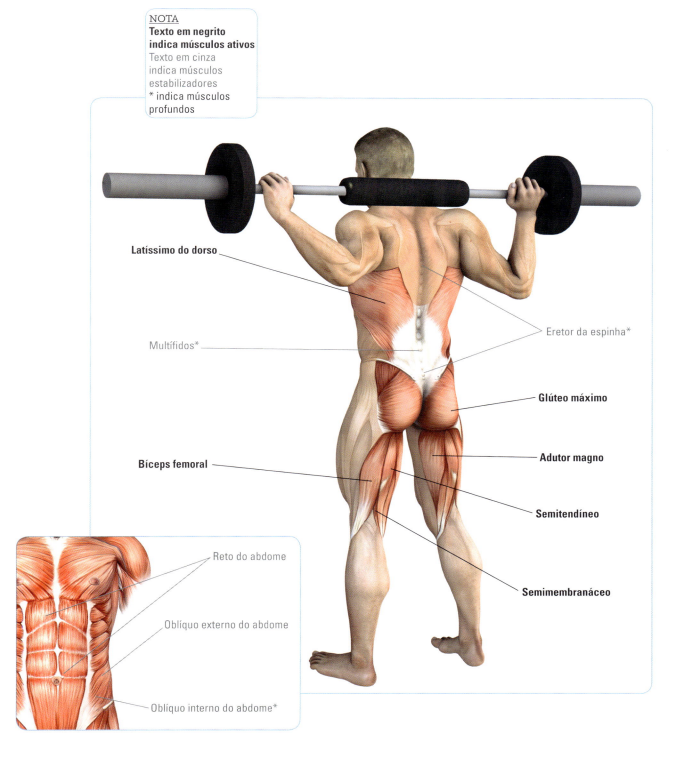

OMBROS

De todas as articulações do corpo humano, o ombro é a que tem a maior amplitude de movimento. O músculo deltoide, que se subdivide em partes frontal, lateral e dorsal (chamadas respectivamente de clavicular, acromial e espinal), forma a camada mais externa da musculatura do ombro. Os deltoides são os maiores e mais fortes músculos do ombro. Eles são responsáveis pelos movimentos de elevação e rotação do braço. O trapézio, localizado no dorso, também atua permitindo movimentos do ombro, elevando e retraindo as escápulas.

Além dos deltoides, há um grupo de músculos que estabiliza o ombro, conhecido, em conjunto, como manguito rotador. Esse grupo é formado pelos músculos infraespinal, subescapular, supraespinal e redondo menor. As lesões do manguito rotador (geralmente causadas por exercícios feitos com técnica incorreta) são a causa de muitos ginastas terem músculos do ombro pouco desenvolvidos.

Exercícios cuidadosos direcionados para esse grupo muscular resultam em ombros fortes e bem desenvolvidos, que dão a aparência de costas largas e de um corpo bem trabalhado.

REMADA COM BARRA

OMBROS

① Fique em pé, com os pés afastados e paralelos aos ombros e os joelhos ligeiramente flexionados.

② Levante a barra com as palmas das mãos voltadas para baixo (pegada pronada) e as mãos também alinhadas com os ombros.

③ Incline-se pela cintura trazendo o tronco para a frente, mantendo as costas retas até que o tronco esteja quase paralelo ao solo. A barra deve estar diretamente à sua frente, permitindo que seus braços fiquem pendentes, perpendiculares ao solo e ao seu tronco. Essa é a posição inicial.

④ Levante a barra em direção ao tronco, mantendo os cotovelos voltados para a lateral do corpo.

ALVO
- Deltoide
- Dorso

PROCURE
- Manter o tronco horizontal durante todo o exercício.

EVITE
- Abaixar a cabeça durante o exercício.

⑤ Lentamente, abaixe o peso de volta à posição inicial. Repita.

FOCO MUSCULAR

- Deltoide (parte espinal)
- Trapézio
- Romboide
- Latíssimo do dorso
- Redondo maior
- Infraespinal
- Braquial
- Braquiorradial
- Peitoral maior
- Bíceps braquial
- Tríceps braquial
- Eretor da espinha
- Glúteo máximo
- Bíceps femoral
- Semitendíneo
- Semimembranáceo
- Adutor magno
- Oblíquo externo do abdome
- Oblíquo interno do abdome
- Reto do abdome

OMBROS • 85

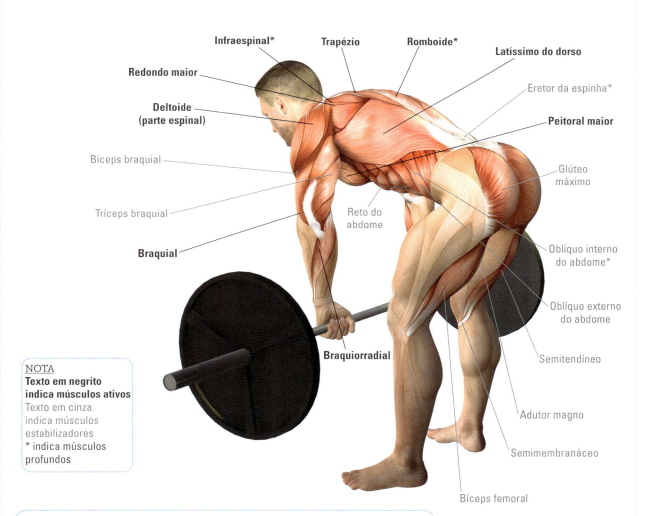

NOTA
Texto em negrito indica músculos ativos
Texto em cinza indica músculos estabilizadores
* indica músculos profundos

DICAS DO TREINADOR
• Expire ao erguer a barra e inspire ao abaixá-la de volta à posição inicial.
• Mantenha os joelhos ligeiramente flexionados, contraindo os glúteos e os posteriores da coxa.
• Certifique-se de estar aplicando a técnica correta.
• Para este exercício, use uma carga que você consiga levantar com segurança – o levantamento de cargas muito pesadas leva a uma técnica ruim e pode causar lesão nas costas.
• Evite este exercício se você tiver problemas de coluna.

ELEVAÇÃO PIRÂMIDE COM CABOS

OMBROS

1. Prepare o jogo de polias no nível mais baixo possível. Prenda um pegador em cada lado.
2. Fique em pé entre os dois cabos, com os pés afastados e paralelos aos ombros e a pelve encaixada. Segure os pegadores, um de cada vez.
3. Comece com as palmas das mãos voltadas para cima, puxe os pesos para junto de você, simultaneamente flexionando os joelhos. Em seguida, gire as palmas das mãos de modo que fiquem voltadas para a frente, com os braços em um ângulo de 90 graus para começar.
4. Tracione os cabos para cima, em um movimento de pirâmide, fazendo com que os pegadores quase se toquem no ponto mais alto do movimento.
5. Com um movimento lento e bem controlado, abaixe os pesos de volta à posição inicial. Repita.

ALVO
- Deltoide

PROCURE
- Manter a velocidade do movimento constante durante todo o exercício.

EVITE
- Levantar cargas muito pesadas, pois isso pode exigir um esforço exagerado do bíceps quando você se coloca na posição inicial e pode causar lesão.
- Flexionar os joelhos para auxiliar e criar impulso durante a execução do exercício.

FOCO MUSCULAR
- Deltoide (partes clavicular e acromial)
- Supraespinal
- Tríceps braquial
- Trapézio
- Serrátil anterior
- Bíceps braquial
- Levantador da escápula

DICA DO TREINADOR
- Expire ao erguer os pesos e inspire ao abaixá-los de volta à posição inicial.

OMBROS • 87

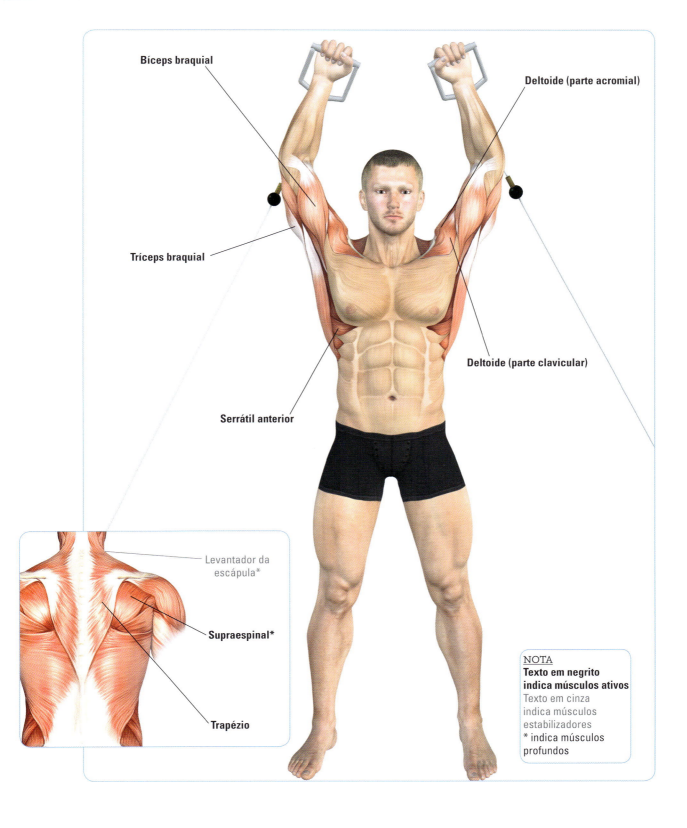

ELEVAÇÃO FRONTAL COM ANILHA

OMBROS

① Em pé, com os pés afastados e paralelos aos ombros e a pelve ligeiramente encaixada, segure uma anilha de 20 kg com ambas as mãos, em posição de pegada martelo.
② Levante a anilha até a altura dos ombros.
③ Lentamente, abaixe o peso de volta até a posição inicial.

FOCO MUSCULAR
- Deltoide (partes clavicular, espinal e acromial)
- Trapézio
- Serrátil anterior
- Levantador da escápula
- Braquial
- Bíceps braquial
- Braquiorradial
- Flexor dos dedos
- Flexor radial do carpo

ALVO
- Deltoide

PROCURE
- Manter o movimento homogêneo e controlado.

EVITE
- Hiperextensão dos cotovelos durante o levantamento do peso.
- Deixar que os ombros girem para dentro.

DICAS DO TREINADOR
- Expire ao levantar o peso e inspire ao abaixá-lo.
- Mantenha sua postura ereta durante todo o exercício.
- Mantenha os ombros abaixados, para trás, distanciados das orelhas.

OMBROS • 89

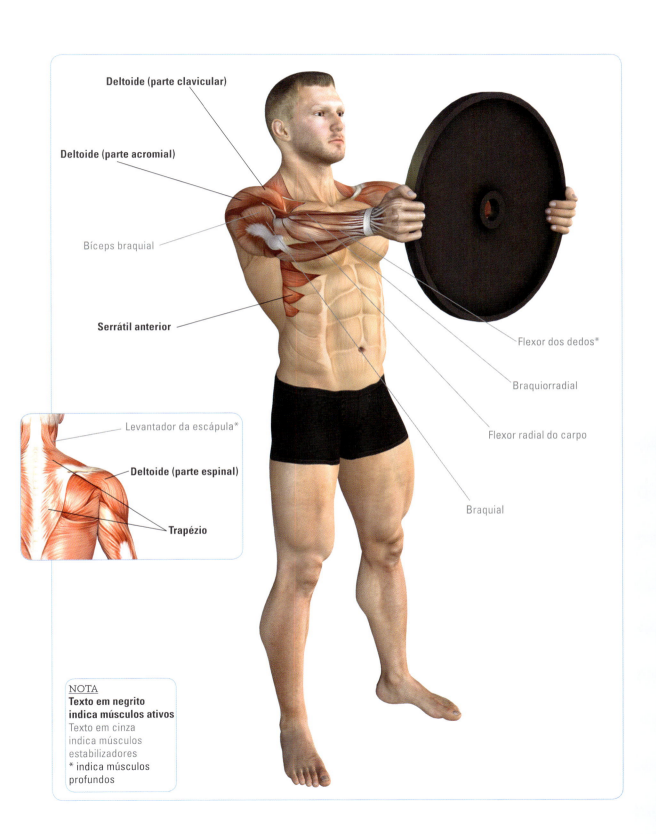

NOTA
Texto em negrito indica músculos ativos
Texto em cinza indica músculos estabilizadores
* indica músculos profundos

DESENVOLVIMENTO ARNOLD SENTADO

OMBROS

❶ Encoste-se no banco inclinado e segure um par de halteres sobre as coxas para começar. Mantenha os cotovelos junto ao corpo, erga os halteres até a altura dos ombros.

❷ Levante os halteres enquanto gira as palmas das mãos até que estejam voltadas para a frente.

❸ Levante os halteres até que seus braços estejam estendidos acima da cabeça.
❹ Após uma rápida pausa no topo, abaixe lentamente os halteres de volta até a posição inicial enquanto gira as palmas das mãos em direção a você. Repita.

ALVO
- Partes clavicular e acromial do deltoide

PROCURE
- Fazer com que a posição inicial se pareça com a fase de contração do exercício rosca com halteres.

EVITE
- Hiperextensão das costas durante o levantamento dos halteres.

DICAS DO TREINADOR
- Expire ao levantar os halteres e inspire ao abaixá-los de volta à posição inicial.
- Mantenha o tórax elevado e os ombros abaixados, para trás, distanciados das orelhas.
- Fazer este exercício sentado evita que você use o impulso vertical para levantar os halteres.

OMBROS • 91

NOTA
Texto em negrito indica músculos ativos
Texto em cinza indica músculos estabilizadores
* indica músculos profundos

FOCO MUSCULAR

- Deltoide (partes clavicular, acromial e espinal)
- Supraespinal
- Tríceps braquial
- Serrátil anterior
- Levantador da escápula
- Trapézio

DESENVOLVIMENTO SENTADO COM HALTERES

OMBROS

1. Encoste-se no banco inclinado e segure um par de halteres sobre as coxas para começar. Mantenha os cotovelos junto ao corpo, erga os halteres até a altura dos ombros.
2. Gire os cotovelos para fora com os braços em um ângulo de 90 graus e as palmas das mãos voltadas para a frente.
3. Levante os halteres em posição de pirâmide.
4. Lentamente, abaixe os halteres de volta até a posição inicial. Repita.

FOCO MUSCULAR

- Deltoide (partes clavicular e acromial)
- Supraespinal
- Tríceps braquial
- Trapézio
- Serrátil anterior
- Peitoral maior
- Bíceps braquial
- Levantador da escápula

ALVO
- Parte acromial do deltoide

PROCURE
- Manter o queixo acima dos ombros durante este exercício.

EVITE
- Hiperextensão do dorso ao levantar os halteres.

DICAS DO TREINADOR

- Quando terminar a série, junte os cotovelos, com as palmas das mãos voltadas uma para a outra, e lentamente abaixe os halteres de volta até apoiá-los nas coxas.
- Expire ao levantar os halteres e inspire ao abaixá-los.
- Relaxe o pescoço e a mandíbula durante todo o exercício.

OMBROS • 93

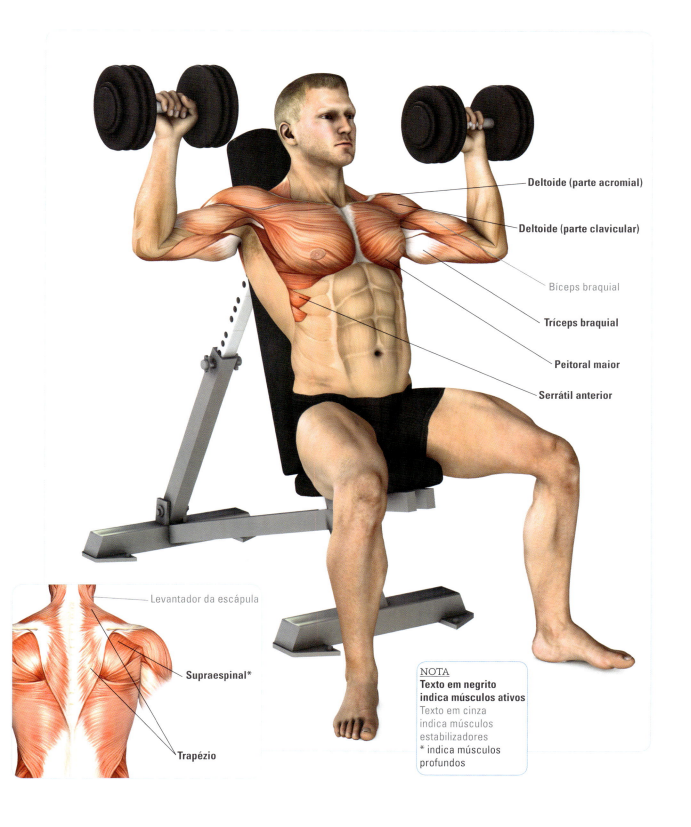

REMADA EM PÉ COM BARRA

OMBROS

① Segure a barra com ambas as mãos e com as palmas voltadas para baixo, em pegada pronada, alinhadas aos ombros ou ligeiramente para dentro. Fique em pé, com os pés afastados e paralelos aos ombros, os joelhos um pouco flexionados e a pelve levemente encaixada.

② Para chegar à posição inicial, apoie a barra na parte superior das coxas. Os braços devem estar estendidos, ligeiramente flexionados nos cotovelos. As costas devem ficar retas.

FOCO MUSCULAR
- Deltoide (parte clavicular)
- Supraespinal
- Braquial
- Braquiorradial
- Bíceps braquial
- Trapézio
- Serrátil anterior
- Redondo menor
- Levantador da escápula

③ Concentre-se em trabalhar a parte acromial dos deltoides para levantar a barra até a altura do tórax. Faça uma pausa no ponto mais alto do movimento e volte à posição inicial. Repita.

ALVO
- Parte acromial do deltoide

PROCURE
- Iniciar o movimento com os cotovelos.
- Erguer os cotovelos mais que os antebraços.
- Manter o tronco fixo.

EVITE
- Levantar carga excessiva neste exercício, pois isso pode levar a uma técnica incorreta e causar lesão no ombro.

DICAS DO TREINADOR
- A barra deve ser levantada junto ao corpo.
- Expire ao erguer a barra e inspire ao abaixá-la de volta à posição inicial.

OMBROS • 95

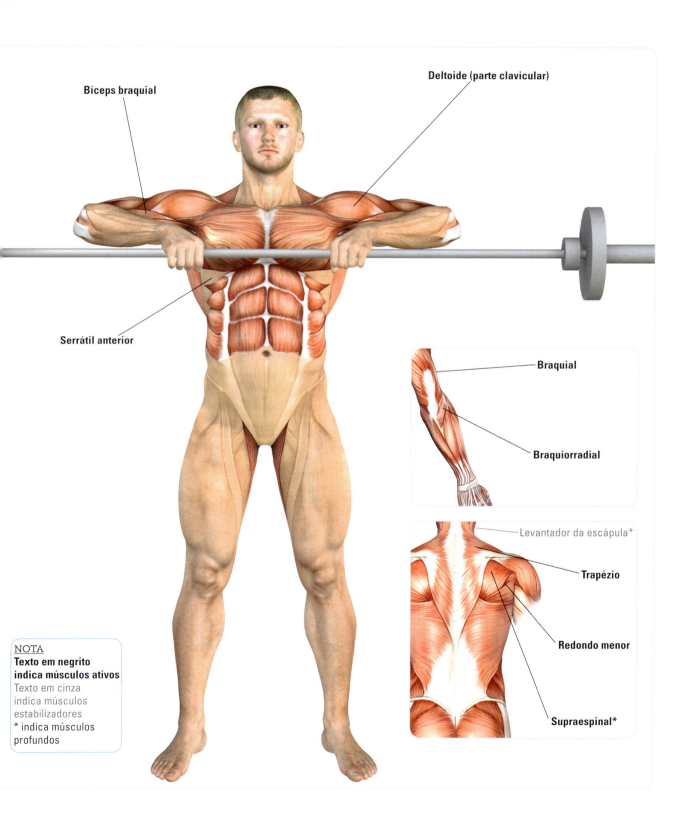

AFASTAMENTO LATERAL COM HALTERES

OMBROS

① Segure um haltere em cada mão, fique em pé, com os pés afastados e paralelos aos ombros, os joelhos um pouco flexionados e a pelve levemente encaixada. Mantenha os cotovelos ligeiramente flexionados, o tórax elevado e os ombros abaixados, para trás, distanciados das orelhas.

② Com as palmas das mãos voltadas para o corpo, afaste os halteres cerca de 10 cm para fora, usando a força do dorso das mãos.

③ Lentamente, leve os halteres de volta até a posição inicial. Repita.

ALVO
- Parte acromial do deltoide

PROCURE
- Manter o movimento homogêneo e controlado.

EVITE
- Acelerar este exercício.

DICAS DO TREINADOR
- Relaxe o pescoço e a mandíbula.
- Expire ao afastar os halteres do corpo e inspire ao levá-los de volta à posição inicial.
- Use munhequeiras para estabilizar seus movimentos.

OMBROS • 97

Trapézio

Deltoide (parte clavicular)

Deltoide (parte acromial)

Bíceps braquial

Tríceps braquial

Serrátil anterior

FOCO MUSCULAR
- Deltoide (partes acromial e clavicular)
- Tríceps braquial
- Bíceps braquial
- Trapézio
- Serrátil anterior

NOTA
Texto em negrito indica músculos ativos
Texto em cinza indica músculos estabilizadores
* indica músculos profundos

ELEVAÇÃO LATERAL COM HALTERES

OMBROS

① Segure um haltere em cada mão, fique em pé, com os pés afastados e paralelos aos ombros e os joelhos ligeiramente flexionados. Flexione um pouco os cotovelos e mantenha as palmas das mãos voltadas para dentro, em direção ao corpo.

② Estenda os braços para fora, lateralmente, até a altura dos ombros.
③ Lentamente, abaixe os halteres de volta até a posição inicial. Repita.

FOCO MUSCULAR

- Deltoide (partes acromial e clavicular)
- Supraespinal
- Trapézio
- Serrátil anterior
- Peitoral menor
- Redondo menor
- Infraespinal
- Romboide
- Eretor da espinha
- Levantador da escápula
- Tríceps braquial
- Braquial
- Bíceps braquial
- Braquiorradial
- Flexor dos dedos
- Flexor radial do carpo
- Latíssimo do dorso
- Peitoral maior

ALVO
- Parte acromial do deltoide

PROCURE
- Manter os cotovelos fixos e ligeiramente flexionados durante todo o movimento.
- Fazer com que seus cotovelos fiquem laterais aos ombros no ponto mais alto do movimento.

EVITE
- Usar impulso para erguer os halteres.

DICAS DO TREINADOR

- Expire ao levantar os halteres e inspire ao abaixá-los.
- Mantenha o tórax elevado e os ombros abaixados, para trás, distanciados das orelhas.
- Não permita que os cotovelos fiquem abaixo dos punhos, pois isso exigirá que a parte clavicular do deltoide, e não a parte acromial, seja a principal responsável pelo movimento.

OMBROS • 99

ELEVAÇÃO UNILATERAL COM CABO, INCLINADO PARA A FRENTE

OMBROS

1. Prepare o jogo de polias com um pegador simples na posição mais baixa.
2. Fique em pé com o ombro direito paralelo ao jogo de polias.
3. Com a mão esquerda, segure o pegador com a palma da mão voltada para dentro, em posição de pegada martelo.
4. Com os pés afastados e paralelos aos ombros, flexione ligeiramente os joelhos enquanto flexiona o tronco até que suas costas estejam quase retas.

> **DICAS DO TREINADOR**
> • Procure obter um alongamento da parte espinal do deltoide durante a posição inicial.
> • Assegure-se de trabalhar bem os glúteos e as coxas durante este exercício.

5. Estenda o braço esquerdo lateralmente.
6. Com cuidado, leve o peso de volta até a posição inicial e repita. Mude de lado e repita a sequência segurando o pegador com a mão direita.

ALVO
• Partes espinal e acromial do deltoide

PROCURE
• Manter os ombros abaixados, para trás.

EVITE
• Usar impulso para executar o movimento.
• Abaixar a cabeça.
• Deixar que o tórax ou os ombros curvem para dentro durante este exercício.

OMBROS • 101

FOCO MUSCULAR

- Deltoide (partes acromial, espinal e clavicular)
- Tríceps braquial
- Peitoral maior
- Serrátil anterior
- Bíceps braquial
- Levantador da escápula
- Trapézio

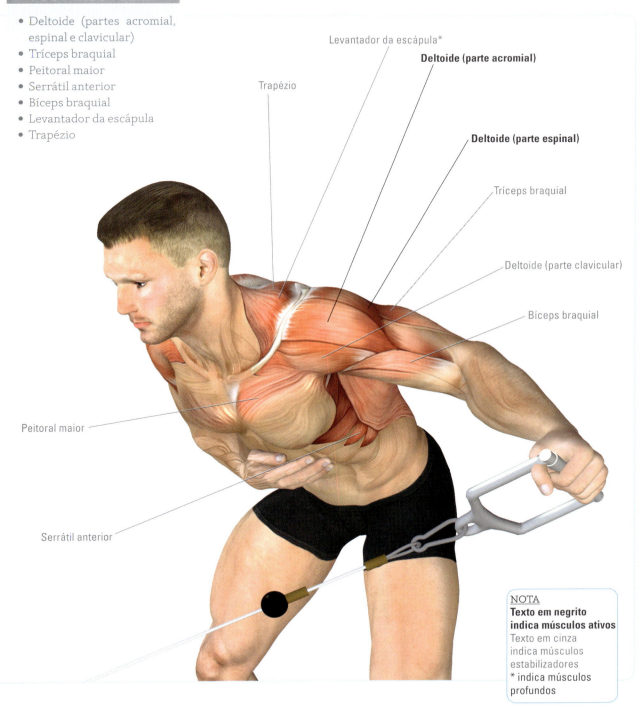

Levantador da escápula*
Deltoide (parte acromial)
Trapézio
Deltoide (parte espinal)
Tríceps braquial
Deltoide (parte clavicular)
Bíceps braquial
Peitoral maior
Serrátil anterior

NOTA
Texto em negrito indica músculos ativos
Texto em cinza indica músculos estabilizadores
* indica músculos profundos

ELEVAÇÃO UNILATERAL COM HALTERE

OMBROS

1. Segure um haltere na mão direita, fique em pé ao lado de um banco inclinado. Apoie a mão esquerda no encosto do banco para ter equilíbrio e sustentação.
2. Com os pés afastados e paralelos aos ombros e os joelhos ligeiramente flexionados, incline-se para a frente mantendo as costas retas.

FOCO MUSCULAR

- Deltoide (partes espinal e acromial)
- Infraespinal
- Redondo menor
- Trapézio
- Romboide
- Braquial
- Bíceps braquial
- Braquiorradial
- Flexor dos dedos
- Flexor radial do carpo
- Latíssimo do dorso
- Peitoral maior
- Glúteo máximo
- Adutor magno

3. Estenda seu braço direito em sentido lateral, levantando o haltere paralelamente ao ombro.
4. Lentamente, abaixe o haltere de volta até a posição inicial e repita. Mude de lado e repita a sequência segurando o haltere com a mão esquerda.

ALVO
- Parte espinal do deltoide

PROCURE
- Manter os glúteos e as coxas sempre contraídos durante a execução deste exercício.

EVITE
- Arquear o tórax ou os ombros para a frente e para dentro durante a execução deste exercício.

DICAS DO TREINADOR
- Expire ao levantar o haltere e inspire ao levá-lo de volta à posição inicial.
- Mantenha o queixo elevado.

OMBROS • 103

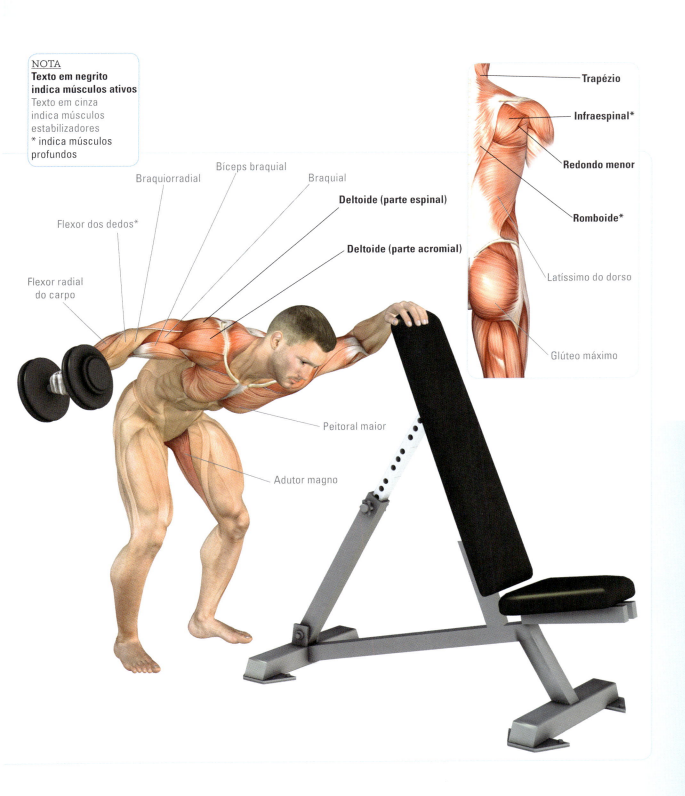

CRUCIFIXO INVERTIDO

OMBROS

① Segure um haltere em cada mão, deite-se em decúbito ventral sobre um banco inclinado. Com as mãos em posição de pegada martelo, abaixe os halteres para longe do banco inclinado.

② Apoie o corpo sobre o banco à medida que abaixa os halteres até a posição inicial.

FOCO MUSCULAR

- Deltoide (partes clavicular, espinal e acromial)
- Trapézio
- Levantador da escápula
- Braquial
- Bíceps braquial
- Braquiorradial
- Flexor dos dedos
- Flexor radial do carpo

③ Com as palmas das mãos voltadas uma para a outra, erga os braços lateralmente para longe do corpo.

ALVO
- Parte espinal do deltoide

PROCURE
- Executar um movimento homogêneo e controlado durante as fases de subida e descida do exercício.

EVITE
- Manter o pescoço e a mandíbula tensos.
- Escorregar para baixo no banco durante o exercício.

④ Levante os halteres até a altura dos ombros e depois abaixe-os de volta até a posição inicial. Repita.

DICAS DO TREINADOR

- Mantenha os pés firmemente apoiados no solo.
- Mantenha o tórax elevado durante a execução deste exercício.
- Expire ao levantar os halteres e inspire ao levá-los de volta à posição inicial.

OMBROS • 105

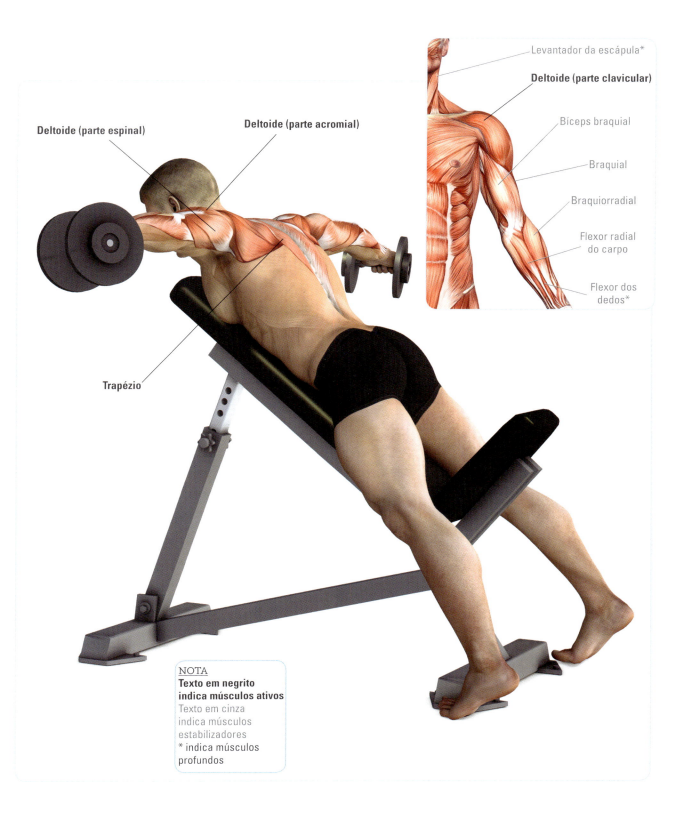

BRAÇOS

Os músculos do braço são diversificados e numerosos, mas os focos principais de quem faz exercícios de musculação para os braços são o bíceps braquial e o tríceps braquial. O bíceps, localizado na parte superior do braço, consiste em dois feixes musculares ou "cabeças". É um músculo flexor, o que significa que ele dobra o antebraço sobre o braço. O tríceps é um músculo extensor de três cabeças. Ele atua em oposição ao bíceps, estendendo o antebraço e o cotovelo.

Outros músculos importantes do braço são o braquial, o braquiorradial, o coracobraquial, o pronador redondo e o palmar longo, além dos flexores do punho (flexor radial do carpo e flexor ulnar do carpo) e extensores do punho (extensor radial do carpo e extensor ulnar do carpo).

TRÍCEPS NO BANCO

BRAÇOS

① Usando dois bancos retos ou um baixo reto e um *step*, sente-se no banco e segure na borda. Com cuidado, apoie os pés afastados, paralelos aos ombros, no banco ou *step* oposto.

② Com os cotovelos apontados diretamente para trás, abaixe os glúteos cerca de 10 a 20 cm.

③ Concentre-se em usar o tríceps para erguer o corpo de volta até a posição inicial. Repita.

FOCO MUSCULAR

- Tríceps braquial
- Deltoide (parte clavicular)
- Peitoral maior
- Romboide
- Levantador da escápula
- Latíssimo do dorso
- Bíceps braquial
- Trapézio

DICAS DO TREINADOR

- Inspire ao abaixar o corpo e expire ao se erguer de volta à posição inicial.
- Ao terminar o exercício, apoie novamente os glúteos sobre o banco, com cuidado, e lentamente abaixe os pés até o solo.

ALVO
- Tríceps

PROCURE
- Manter o tórax elevado durante todo o exercício.
- Posicionar a cabeça de maneira adequada, com o queixo ligeiramente elevado.

EVITE
- Abaixar demasiadamente o corpo, muito abaixo de 90 graus – isso implica risco de tensão nos ombros ou de lesão no manguito rotador.

BRAÇOS • 109

> **NOTA**
> **Texto em negrito indica músculos ativos**
> Texto em cinza indica músculos estabilizadores
> * indica músculos profundos

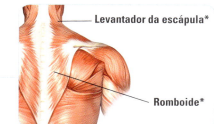

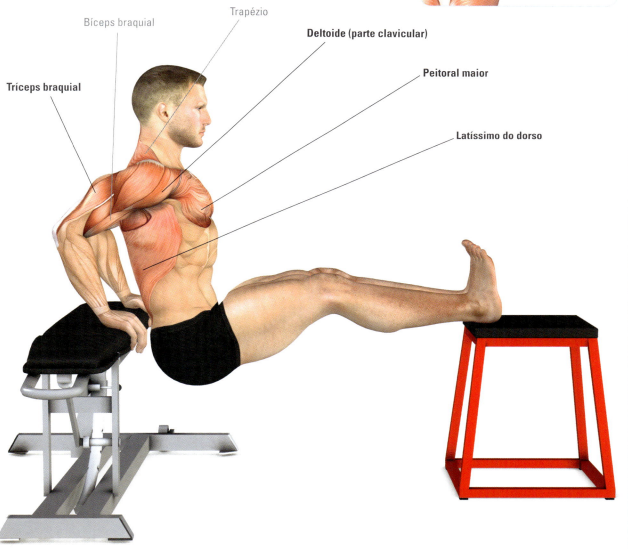

TRÍCEPS TESTA

BRAÇOS

① Sente-se na borda de um banco reto com uma barra reta ou EZ no colo. Segure a barra com pegada pronada, ou com as palmas das mãos para baixo, mais ou menos alinhadas aos ombros.

② Com cuidado, comece a se deitar no banco.

③ Com os cotovelos flexionados, leve a barra em direção ao tórax.

④ Empurre a barra em linha reta para cima, até que seus braços estejam estendidos, retos, acima do tórax.

⑤ Mantenha os braços e os cotovelos fixos, e abaixe a barra lentamente para trás até que ela quase toque sua testa.

⑥ Concentre-se em usar o tríceps para erguer a barra de volta até a posição inicial. Repita.

ALVO
- Tríceps

PROCURE
- Manter a região lombar e os glúteos em contato com o banco durante o exercício.
- Fazer com que os cotovelos apontem para a frente.

EVITE
- Contrair o pescoço ou a mandíbula durante o exercício.

FOCO MUSCULAR
- Tríceps braquial
- Deltoide (partes clavicular e espinal)
- Peitoral maior
- Latíssimo do dorso
- Redondo maior
- Flexor radial do carpo
- Flexor ulnar do carpo

BRAÇOS • 111

MODIFICAÇÃO

Mais difícil: siga os passos 1 a 5 e depois continue, abaixando a barra lentamente até uma posição atrás da cabeça.

DICAS DO TREINADOR

- Inspire ao abaixar a barra em direção à testa e expire ao levantá-la de volta à posição inicial.
- Diminua a velocidade de descida da barra ao aproximá-la da testa.
- Ao terminar o exercício, flexione os cotovelos e leve a barra em direção ao tórax; então, erga o corpo de volta à posição inicial, colocando a barra de volta sobre as coxas com cuidado.

NOTA
Texto em negrito indica músculos ativos
Texto em cinza indica músculos estabilizadores
* indica músculos profundos

SUPINO COM PEGADA FECHADA NO SMITH

BRAÇOS

1. Deite-se em decúbito dorsal sobre o banco reto do Smith. Segure a barra com as mãos afastadas cerca de 20 a 25 cm. Levante e desengate a barra.

2. Mantenha os cotovelos junto às costelas, abaixe a barra até que ela quase toque o seu tórax. Erga a barra de volta à posição inicial e repita.

DICAS DO TREINADOR
- Inspire ao abaixar a barra e expire ao levantá-la.
- Utilize uma carga leve até se sentir seguro e confiante para realizar o exercício.
- Quando terminar o exercício, engate cuidadosamente a barra de volta no aparelho.

ALVO
- Tríceps

PROCURE
- Manter os cotovelos junto às laterais do corpo durante todo o exercício.
- Manter os pés firmemente apoiados no solo.

EVITE
- Afastar os glúteos e a região lombar do banco.

FOCO MUSCULAR
- Tríceps braquial
- Deltoide (parte clavicular)
- Peitoral maior
- Bíceps braquial

BRAÇOS • 113

EXTENSÃO UNILATERAL COM CABO

BRAÇOS

1. Prepare o jogo de polias com um pegador simples na posição mais alta. Fique em pé, de frente para as polias, com as costas retas e os pés afastados e paralelos aos ombros.
2. Com a mão esquerda, segure o pegador com a palma da mão voltada para cima (pegada supinada) para começar.

DICAS DO TREINADOR
- Para adotar a posição correta, mantenha o pescoço para trás e o queixo ligeiramente elevado.
- Expire ao abaixar o peso e inspire ao levá-lo de volta à posição inicial.

3. Abaixe o peso em direção à lateral da coxa esquerda.
4. Devolva o peso à posição inicial e repita. Mude de lado e repita a sequência segurando o pegador na mão direita.

ALVO
- Tríceps

PROCURE
- Manter o cotovelo que está trabalhando junto à lateral do corpo.
- Manter os ombros abaixados, para trás e distanciados das orelhas.

EVITE
- Usar impulso para executar o movimento – concentre-se em isolar e utilizar o tríceps.

FOCO MUSCULAR
- Tríceps braquial
- Latíssimo do dorso
- Redondo maior
- Deltoide (parte espinal)
- Peitoral maior
- Peitoral menor
- Trapézio
- Oblíquo externo do abdome
- Oblíquo interno do abdome
- Reto do abdome
- Extensor radial do carpo
- Extensor ulnar do carpo

MODIFICAÇÃO

Dificuldade semelhante: siga as etapas 1 e 2 do exercício de extensão unilateral com cabo, mas, quando estiver abaixando o peso, vire a palma da mão para a coxa (gire o punho cerca de um quarto de volta). Ao voltar o peso à posição inicial, vire a palma da mão novamente para cima.

MODIFICAÇÃO

Dificuldade semelhante: siga a etapa 1 do exercício de extensão unilateral com cabo, mas segure o pegador com a palma da mão voltada para baixo (pegada pronada). Abaixe o peso em direção à lateral da coxa, mantendo a palma da mão voltada para baixo. Devolva o peso à posição inicial.

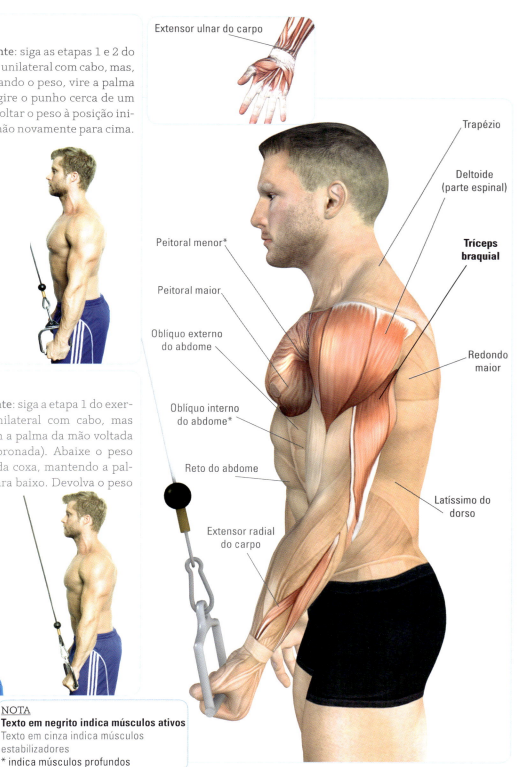

NOTA
Texto em negrito indica músculos ativos
Texto em cinza indica músculos estabilizadores
* indica músculos profundos

EXTENSÃO COM CORDA ACIMA DA CABEÇA

BRAÇOS

1. Prepare o jogo de polias no nível mais baixo possível e prenda uma corda ao pegador. Segure a corda com ambas as mãos, mantendo os cotovelos junto ao corpo.

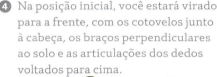

2. Com os pés afastados, comece a puxar a corda para cima.
3. Continue girando para a frente enquanto ergue as mãos até acima da cabeça.
4. Na posição inicial, você estará virado para a frente, com os cotovelos junto à cabeça, os braços perpendiculares ao solo e as articulações dos dedos voltados para cima.

5. Lentamente, abaixe o peso por trás da cabeça.

ALVO
- Tríceps

PROCURE
- Manter a parte superior dos braços em posição fixa enquanto abaixa o peso por trás da cabeça.

EVITE
- Usar impulso para executar o movimento – concentre-se em isolar e utilizar o tríceps.

FOCO MUSCULAR
- Tríceps braquial
- Latíssimo do dorso
- Redondo maior
- Deltoide (parte espinal)
- Peitoral maior
- Peitoral menor
- Trapézio
- Oblíquo externo do abdome
- Oblíquo interno do abdome
- Reto do abdome
- Flexor radial do carpo
- Flexor ulnar do carpo

BRAÇOS • 117

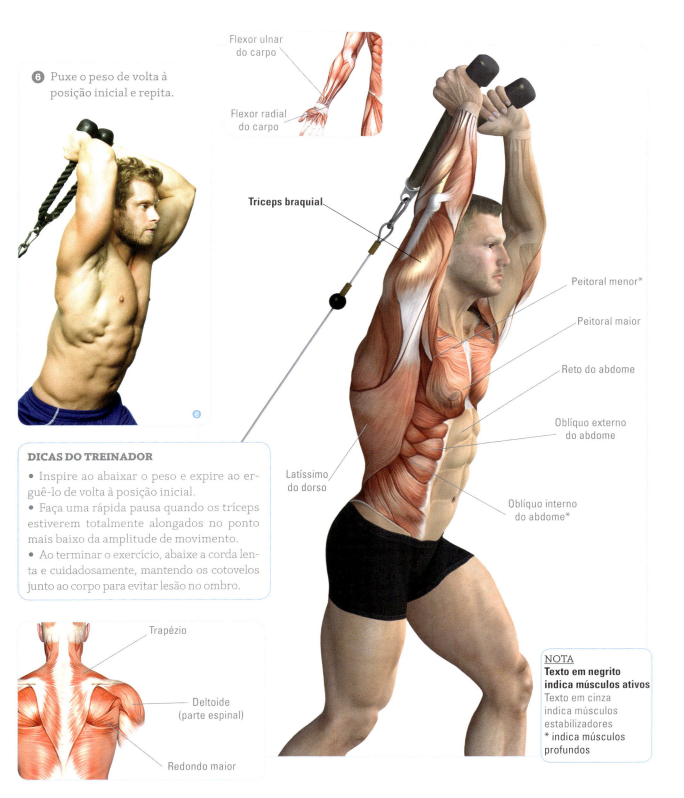

⑥ Puxe o peso de volta à posição inicial e repita.

DICAS DO TREINADOR
• Inspire ao abaixar o peso e expire ao erguê-lo de volta à posição inicial.
• Faça uma rápida pausa quando os tríceps estiverem totalmente alongados no ponto mais baixo da amplitude de movimento.
• Ao terminar o exercício, abaixe a corda lenta e cuidadosamente, mantendo os cotovelos junto ao corpo para evitar lesão no ombro.

NOTA
Texto em negrito indica músculos ativos
Texto em cinza indica músculos estabilizadores
* indica músculos profundos

PUXADA COM CORDA

BRAÇOS

❶ Prepare o jogo de polias no nível mais alto possível e prenda uma corda ao pegador.
❷ Fique em pé, com os pés afastados e paralelos aos ombros, os joelhos um pouco flexionados e a pelve ligeiramente encaixada. Segure a corda com ambas as mãos em posição de pegada martelo.

❸ Mantenha os cotovelos bem próximos ao corpo, abaixe o peso até as coxas.

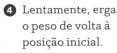

❹ Lentamente, erga o peso de volta à posição inicial.

FOCO MUSCULAR

- Tríceps braquial
- Latíssimo do dorso
- Redondo maior
- Deltoide (parte espinal)
- Peitoral maior
- Peitoral menor
- Trapézio
- Oblíquo externo do abdome
- Oblíquo interno do abdome
- Reto do abdome
- Flexor radial do carpo
- Extensor ulnar do carpo

ALVO
- Tríceps

PROCURE
- Manter a parte superior dos braços em posição fixa durante todo o exercício.
- Conservar os punhos alinhados com os antebraços.

EVITE
- Flexionar os punhos ao abaixar o peso.
- Usar impulso para executar o movimento – concentre-se em isolar e utilizar o tríceps.

DICAS DO TREINADOR

- Para adotar a posição correta, mantenha o pescoço para trás e o queixo ligeiramente elevado.
- Expire ao abaixar o peso e inspire ao levá-lo de volta à posição inicial.
- Faça uma rápida pausa no ponto mais baixo da amplitude de movimento.

BRAÇOS • 119

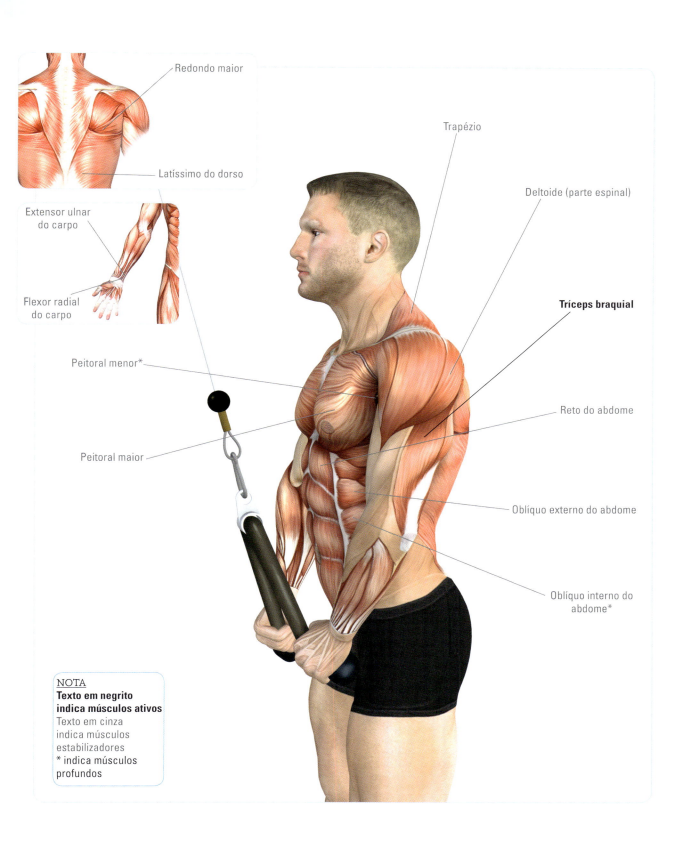

ROSCA MARTELO COM CORDA

BRAÇOS

1. Prepare o jogo de polias no nível mais baixo possível, e prenda uma corda ao pegador.
2. Fique em pé a cerca de 30 cm do encaixe do cabo, com os pés afastados e paralelos aos ombros, os joelhos um pouco flexionados e a pelve ligeiramente encaixada. Segure a corda com ambas as mãos em posição de pegada martelo, mantendo os cotovelos bem junto ao corpo.
3. Puxe o cabo em direção ao tórax, mantendo a parte superior dos braços em posição fixa.
4. Lentamente, abaixe o peso de volta até a posição inicial e repita.

FOCO MUSCULAR
- Bíceps braquial
- Braquial
- Braquiorradial
- Deltoide (parte clavicular)
- Trapézio
- Levantador da escápula

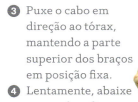

ALVO
- Bíceps

PROCURE
- Manter a parte superior dos braços em posição fixa durante todo o exercício.
- Conservar os punhos alinhados com os antebraços.

EVITE
- Contrair o pescoço ou a mandíbula durante o exercício.

DICAS DO TREINADOR
- Para adotar a posição correta, mantenha o pescoço para trás e o queixo ligeiramente elevado.
- Faça uma rápida pausa no ponto mais alto da amplitude de movimento antes de abaixar o peso de volta à posição inicial.

BRAÇOS • 121

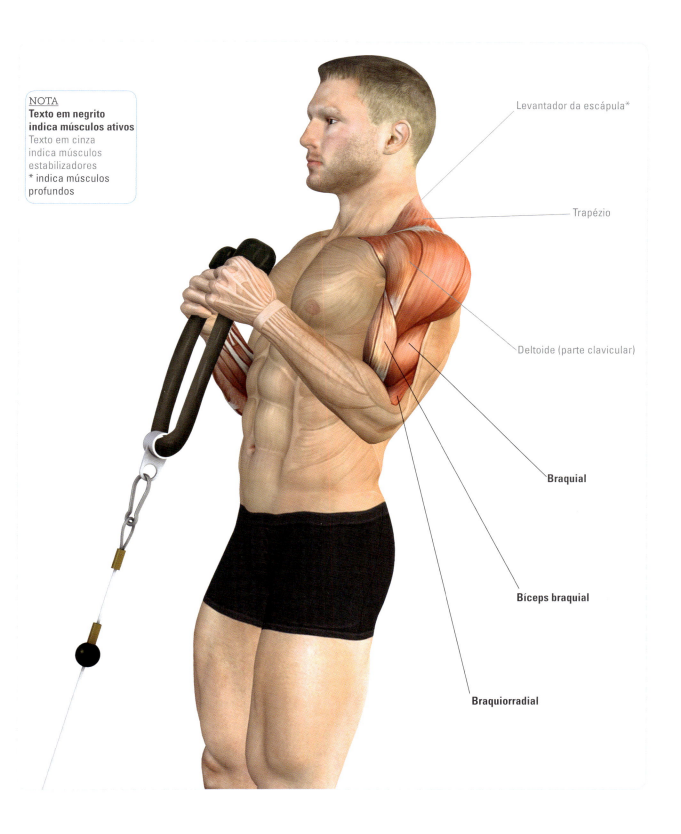

ROSCA COM CABO, DEITADO

BRAÇOS

1. Prenda uma barra EZ ou reta ao jogo de polias no nível mais baixo possível. Coloque um colchonete no solo em frente ao jogo de polias.
2. Com os braços afastados e alinhados aos ombros, segure a barra com as duas mãos e as palmas das mãos voltadas para cima (pegada supinada).
3. Deite-se em decúbito dorsal sobre o colchonete, pressionando a armação do jogo de polias com as plantas dos pés. Essa é a sua posição inicial, com as pernas retas, os braços estendidos e ligeiramente flexionados e os cotovelos junto ao corpo.

ALVO
- Bíceps

PROCURE
- Contrair totalmente o bíceps no ponto mais alto da amplitude de movimento.

EVITE
- Afastar a cabeça ou a região lombar do colchonete enquanto executa o exercício.

FOCO MUSCULAR
- Bíceps braquial
- Braquiorradial
- Braquial
- Deltoide (parte clavicular)
- Trapézio
- Levantador da escápula
- Flexor radial do carpo
- Flexor ulnar do carpo

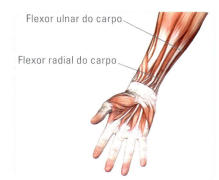

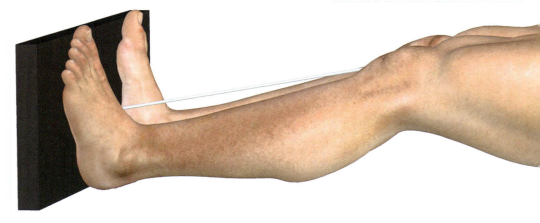

BRAÇOS • 123

4. Mantenha a parte superior dos braços fixa, puxe a barra em direção ao tórax.
5. Após uma rápida pausa no topo, devolva lentamente a barra à posição inicial e repita.

DICAS DO TREINADOR
- Concentre-se em trabalhar bem o bíceps durante o exercício.
- Expire ao levar a barra em direção ao tórax e inspire ao devolvê-la à posição inicial.

NOTA
Texto em negrito indica músculos ativos
Texto em cinza indica músculos estabilizadores
* indica músculos profundos

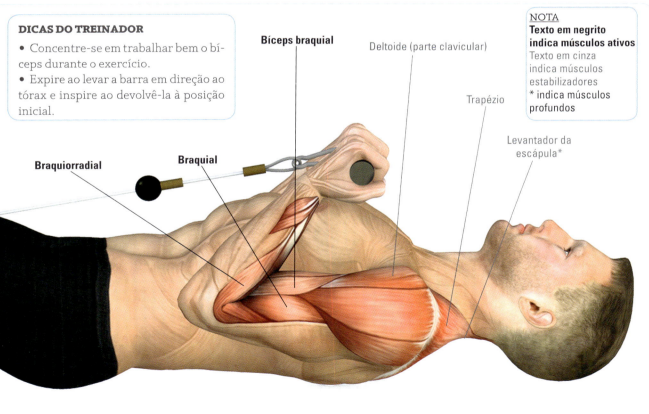

ROSCA COM BARRA

BRAÇOS

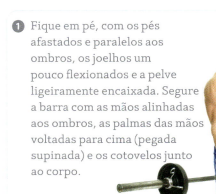

① Fique em pé, com os pés afastados e paralelos aos ombros, os joelhos um pouco flexionados e a pelve ligeiramente encaixada. Segure a barra com as mãos alinhadas aos ombros, as palmas das mãos voltadas para cima (pegada supinada) e os cotovelos junto ao corpo.

FOCO MUSCULAR

- Bíceps braquial
- Braquiorradial
- Braquial
- Deltoide (parte clavicular)
- Trapézio
- Levantador da escápula
- Flexor radial do carpo
- Flexor ulnar do carpo

② Leve a barra para cima em direção ao tórax, mantendo a parte superior dos braços em posição fixa.

③ Após uma rápida pausa no ponto mais alto do movimento, devolva lentamente a barra à posição inicial e repita.

ALVO
- Bíceps

PROCURE
- Manter a parte superior dos braços em posição fixa durante todo o exercício.

EVITE
- Flexionar os punhos – mantenha-os alinhados aos antebraços.
- Erguer os ombros.

DICAS DO TREINADOR
- Expire ao erguer a barra e inspire ao abaixá-la de volta à posição inicial.
- Se sentir que seu dorso está oscilando ou que você está se inclinando muito para trás, apoie-se em uma parede firme, com os pés cerca de 60 cm à frente. Isso o ajudará a isolar o bíceps.

BRAÇOS • 125

MODIFICAÇÃO COM PEGADA FECHADA

Dificuldade semelhante: segure a barra com as palmas das mãos voltadas para cima e as mãos afastadas cerca de 30 cm.

MODIFICAÇÃO COM PEGADA ABERTA

Dificuldade semelhante: segure a barra com as palmas das mãos voltadas para cima e as mãos posicionadas para fora da linha dos ombros, até onde for confortável.

NOTA
Texto em negrito indica músculos ativos
Texto em cinza indica músculos estabilizadores
* indica músculos profundos

Flexor ulnar do carpo
Flexor radial do carpo
Braquial
Braquiorradial
Levantador da escápula*
Trapézio
Deltoide (parte clavicular)
Bíceps braquial

ROSCA MARTELO ALTERNADA

BRAÇOS

① Fique em pé, com os pés afastados e paralelos aos ombros, os joelhos um pouco flexionados e a pelve ligeiramente encaixada.

② Segure um haltere em cada mão, com pegada martelo. Mantenha os cotovelos junto ao tronco.

④ Lentamente, abaixe o peso de volta até a posição inicial e repita com o haltere da direita. Repita, alternando os lados.

③ Leve o haltere da esquerda para cima, em direção ao tórax, mantendo a parte superior dos braços em posição fixa.

ALVO
- Bíceps

PROCURE
- Contrair totalmente o bíceps no ponto mais alto da amplitude de movimento.

EVITE
- Usar impulso para erguer o peso – mantenha o tronco reto e concentre-se em isolar e contrair o bíceps.
- Flexionar os punhos – mantenha-os alinhados aos antebraços.

DICAS DO TREINADOR
- Expire ao erguer o haltere e inspire ao abaixá-lo de volta à posição inicial.
- Se sentir que seu dorso está oscilando ou que você está se inclinando muito para trás, apoie-se em uma parede firme, com os pés cerca de 60 cm à frente. Isso o ajudará a isolar o bíceps.

FOCO MUSCULAR
- Bíceps braquial
- Braquiorradial
- Braquial
- Deltoide (parte clavicular)
- Trapézio
- Levantador da escápula
- Flexor radial do carpo
- Flexor ulnar do carpo

BRAÇOS • 127

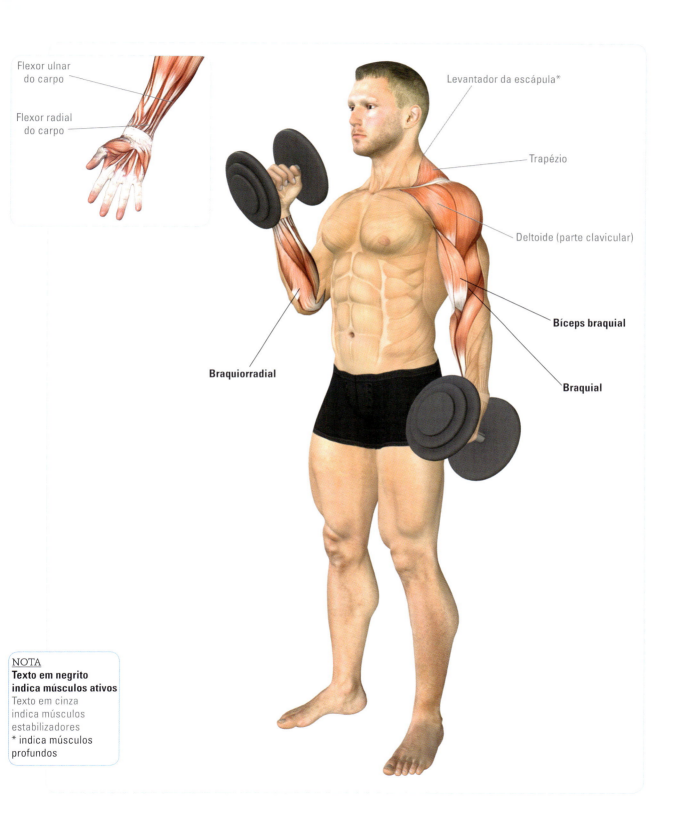

ROSCA COM HALTERES

BRAÇOS

① Deite-se em um banco inclinado, com o rosto voltado para o encosto do banco. Segure um haltere em cada mão, com as palmas das mãos voltadas uma para a outra.

② Incline-se para a frente e coloque os halteres sobre o banco, com cuidado.

③ Role os halteres para fora, apoiando seu corpo no banco com cuidado. Essa é a posição inicial.

④ Puxe os halteres para cima em direção ao banco, mantendo a parte superior dos braços em posição fixa e as palmas das mãos voltadas para cima (pegada supinada).

⑤ Lentamente, abaixe os halteres de volta até a posição inicial e repita.

FOCO MUSCULAR
- Bíceps braquial
- Braquiorradial
- Braquial
- Deltoide (parte clavicular)
- Trapézio
- Levantador da escápula
- Flexor radial do carpo
- Flexor ulnar do carpo

ALVO
- Bíceps

PROCURE
- Manter a pelve encaixada para a frente, para sustentar a região lombar e evitar que você "oscile para trás" ao executar o exercício.
- Manter a cabeça alinhada à coluna e o queixo elevado.

EVITE
- Deslizar para baixo no banco – apoie os pés firmemente no solo.

DICAS DO TREINADOR
- Faça uma rápida pausa no ponto mais alto do movimento.
- Expire ao levantar os halteres em direção ao tórax e inspire ao abaixá-los de volta à posição inicial.

ROSCA COM PESO LIVRE

BRAÇOS

1. Fique em pé, com os pés afastados e paralelos aos ombros, os joelhos um pouco flexionados e a pelve ligeiramente encaixada.
2. Segure uma anilha com ambas as mãos em posição de pegada martelo. Mantenha a parte superior dos braços fixa, os cotovelos junto ao tronco e os ombros abaixados, para trás e distanciados das orelhas.
3. Leve a anilha em direção ao tórax, fazendo uma rápida pausa no ponto mais alto do movimento.
4. Lentamente, abaixe a anilha de volta até a posição inicial e repita.

FOCO MUSCULAR
- Bíceps braquial
- Braquiorradial
- Braquial
- Deltoide (parte clavicular)
- Trapézio
- Levantador da escápula
- Flexor radial do carpo
- Flexor ulnar do carpo

ALVO
- Bíceps

PROCURE
- Traçar um arco homogêneo e contínuo à medida que levanta a anilha e ao levá-la de volta à posição inicial.

EVITE
- Apoiar-se nas costas para levantar o peso – concentre-se em isolar o bíceps durante o exercício.

DICA DO TREINADOR
- Use uma anilha de 5, 10 ou 20 kg, dependendo da sua força e do número de repetições.

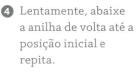

BRAÇOS • 131

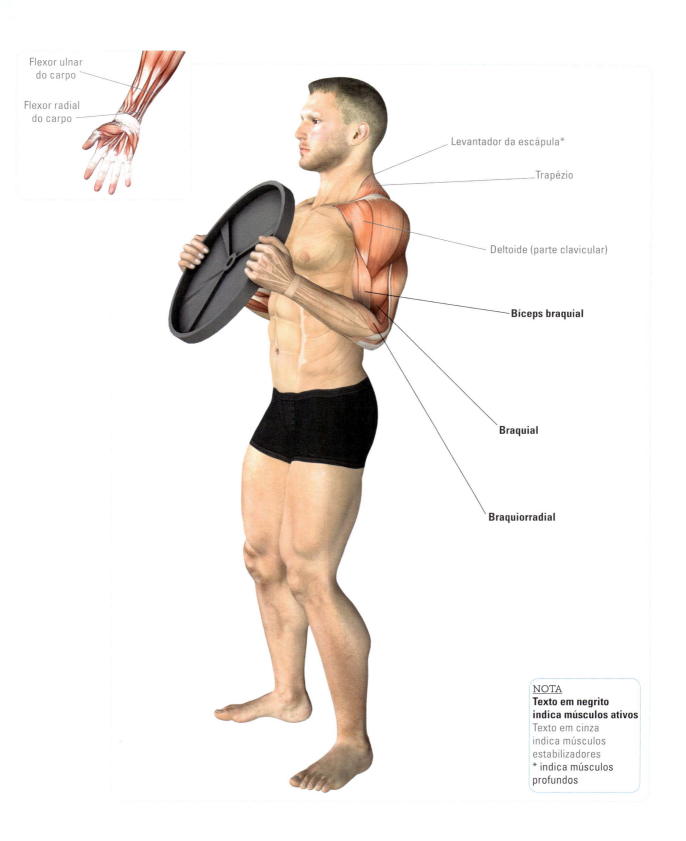

BRAÇOS

ROSCA CONCENTRADA UNILATERAL

1. Sente-se voltado para a frente em um banco reto, com as pernas bem afastadas para fora da linha dos ombros. Segure um haltere à sua frente, entre as pernas.
2. Apoie a parte posterior do braço direito na parte interna da coxa direita.

FOCO MUSCULAR
- Bíceps braquial
- Braquiorradial
- Braquial
- Trapézio
- Levantador da escápula
- Flexor radial do carpo
- Flexor ulnar do carpo
- Oblíquo externo do abdome
- Oblíquo interno do abdome
- Eretor da espinha

DICAS DO TREINADOR
- Expire ao erguer o haltere e inspire ao abaixá-lo de volta à posição inicial.
- Faça uma rápida pausa no ponto mais alto da amplitude de movimento, concentrando-se na contração do bíceps.
- Para garantir uma boa pegada, a contração do bíceps e um bom alinhamento do punho, feche bem o dedo mínimo. O dedo mínimo deve ficar acima do nível do polegar.

ALVO
- Braquial

PROCURE
- Manter o haltere a poucos centímetros do solo quando o braço estiver estendido para baixo, na posição inicial.

EVITE
- Fazer movimentos pendulares durante este exercício.
- Flexionar o punho – mantenha-o alinhado ao antebraço.
- Girar o ombro para dentro.

3. Puxe o haltere para a frente e para cima em direção ao rosto, até a altura do ombro, mantendo a parte superior do braço em posição fixa e a palma da mão voltada para cima.
4. Lentamente, abaixe o peso de volta até a posição inicial e repita.
5. Mude de lado e repita a sequência segurando o haltere com a mão esquerda.

BRAÇOS • 133

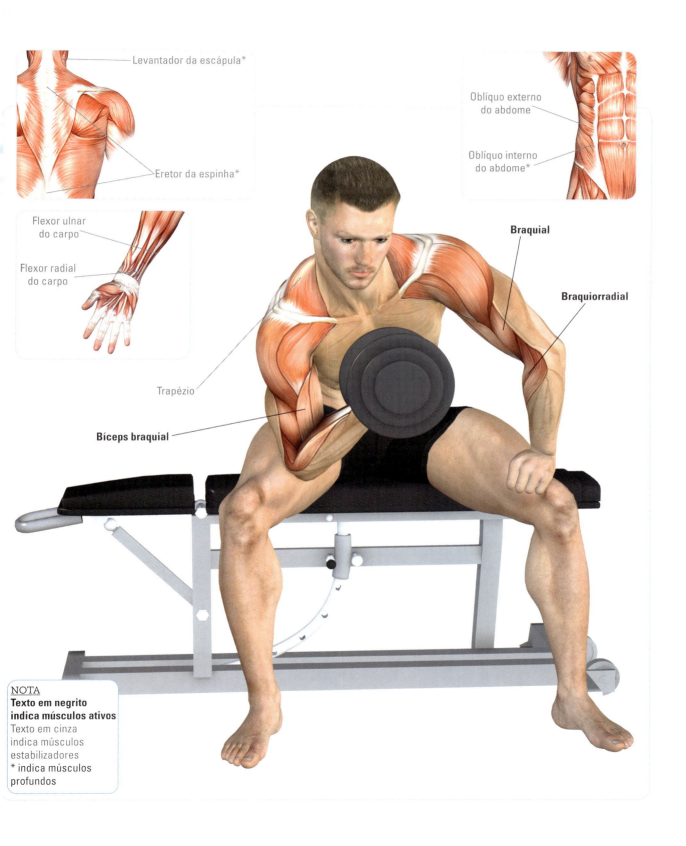

PERNAS

Os principais músculos das pernas podem ser subdivididos em três grupos: o quadríceps femoral (músculo mais forte do corpo), os posteriores da coxa e as panturrilhas.

O quadríceps consiste, na verdade, em quatro músculos que ficam na parte frontal da coxa – vasto lateral, vasto medial, vasto intermédio e reto femoral. Os posteriores da coxa são constituídos pelos músculos semitendíneo, semimembranáceo e bíceps femoral. O semitendíneo e o semimembranáceo estendem o quadril quando o tronco está fixo, e flexionam o joelho e giram a perna para dentro quando o joelho está dobrado. O bíceps femoral estende o quadril quando damos um passo para caminhar; ele também flexiona o joelho e gira a perna para fora quando o joelho está dobrado. Esses dois grupos musculares nos permitem caminhar, correr, saltar e agachar.

Os principais músculos da panturrilha são o gastrocnêmio e o sóleo. O gastrocnêmio tem duas cabeças que, quando bem desenvolvidas, tomam a forma bem definida de um diamante. Ambos, gastrocnêmio e sóleo, atuam elevando o calcanhar.

AGACHAMENTO NO SMITH

PERNAS

① Coloque a barra do aparelho Smith logo abaixo da altura dos ombros e monte-a com a carga apropriada. Fique em pé, com os pés afastados e paralelos aos ombros, e coloque a barra nas costas, passando pelos ombros, logo abaixo do pescoço.

② Segure a barra com as mãos bem afastadas e as palmas das mãos voltadas para a frente. Destrave o *rack* empurrando a barra para cima com as pernas e endireitando o tronco.

FOCO MUSCULAR
- Reto femoral
- Vasto lateral
- Vasto intermédio
- Adutor magno
- Glúteo máximo
- Sóleo
- Bíceps femoral
- Semitendíneo
- Semimembranáceo
- Eretor da espinha
- Gastrocnêmio
- Oblíquo externo do abdome
- Oblíquo interno do abdome

③ Desloque as pernas para a frente, até seu corpo estar ligeiramente inclinado para trás. Os pés devem estar alinhados com os ombros e os dedos dos pés apontando ligeiramente para fora.

④ Lentamente, abaixe o peso flexionando os joelhos até que o ângulo entre as coxas e as panturrilhas seja um pouco menor que 90 graus.

⑤ Firme os calcanhares no solo enquanto estende as pernas de volta à posição inicial e repita.

ALVO
- Quadríceps femoral

PROCURE
- Manter a cabeça sempre elevada para garantir uma boa postura.

EVITE
- Deixar que os joelhos ultrapassem a linha dos dedos dos pés ao se flexionar, pois isso forçará o joelho e pode causar lesão.
- Arquear os ombros ou a parte superior do dorso para a frente durante o exercício.

PERNAS • 137

DICAS DO TREINADOR

• Inspire ao abaixar o peso durante o agachamento e expire ao firmar os calcanhares para erguer o peso de volta à posição inicial.
• Se você tiver problemas nas costas, tente primeiro o exercício no *leg press*.
• Este exercício é igual ao agachamento com barra, mas usa o Smith para permitir que você levante uma carga maior.
• Para maior conforto, você pode usar uma almofada no pescoço, disponível na sua academia.
• Ao terminar o exercício, leve os pés de volta à posição inicial, com cuidado, flexionando ligeiramente os joelhos, e devolva o peso ao *rack* do Smith em um nível imediatamente abaixo da altura dos seus ombros.
• Este é um exercício avançado; ele deve ser executado com cuidado e técnica correta.

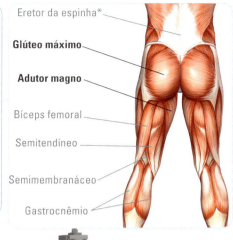

NOTA
Texto em negrito indica músculos ativos
Texto em cinza indica músculos estabilizadores
* indica músculos profundos

AFUNDO UNILATERAL NO SMITH

PERNAS

① Coloque a barra do aparelho Smith logo abaixo da altura dos ombros e monte-a com a carga apropriada. Fique em pé, com os pés afastados e paralelos aos ombros, e coloque a barra nas costas, passando pelos ombros, logo abaixo do pescoço.

② Segure a barra com as duas mãos e as palmas voltadas para a frente. Destrave o *rack* empurrando a barra para cima com as pernas e endireitando o tronco.

③ Dê um passo à frente com a perna esquerda, cerca de 15 a 30 cm, e depois estenda a perna direita para trás também cerca de 15 a 30 cm. Essa é a posição inicial em afundo.

④ Lentamente, abaixe o peso flexionando o joelho direito até que o ângulo entre a coxa e a panturrilha seja um pouco menor que 90 graus.

⑤ Empurre o calcanhar direito para baixo ao voltar à posição inicial em afundo e repita o movimento quantas vezes desejar.

ALVO
- Quadríceps femoral

PROCURE
- Manter a cabeça sempre elevada para garantir uma boa postura.

EVITE
- Girar o joelho para dentro ao se erguer do afundo. Mantenha o joelho acima dos dedos do pé ao firmar o calcanhar no solo para voltar à posição inicial.
- Arquear os ombros ou a parte superior do dorso para a frente durante o exercício.

⑥ Retorne a perna esquerda para o centro, depois a perna direita. Para mudar de lado, dê um passo à frente com a perna direita e estenda a esquerda para trás.

DICAS DO TREINADOR
- Inspire ao abaixar o peso durante o afundo e expire ao se erguer de volta à posição inicial.
- Ao terminar o exercício, leve ambas as pernas de volta à posição central e, flexionando ligeiramente os joelhos, devolva o peso ao *rack* do Smith em um nível imediatamente abaixo da altura dos ombros.
- Para maior conforto, você pode usar uma almofada no pescoço, disponível na sua academia.
- Se você tiver problemas nas costas ou joelhos, deve tentar primeiro o exercício de afundo com halteres.
- Este é um exercício avançado; ele deve ser executado com cuidado e técnica correta.

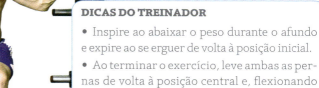

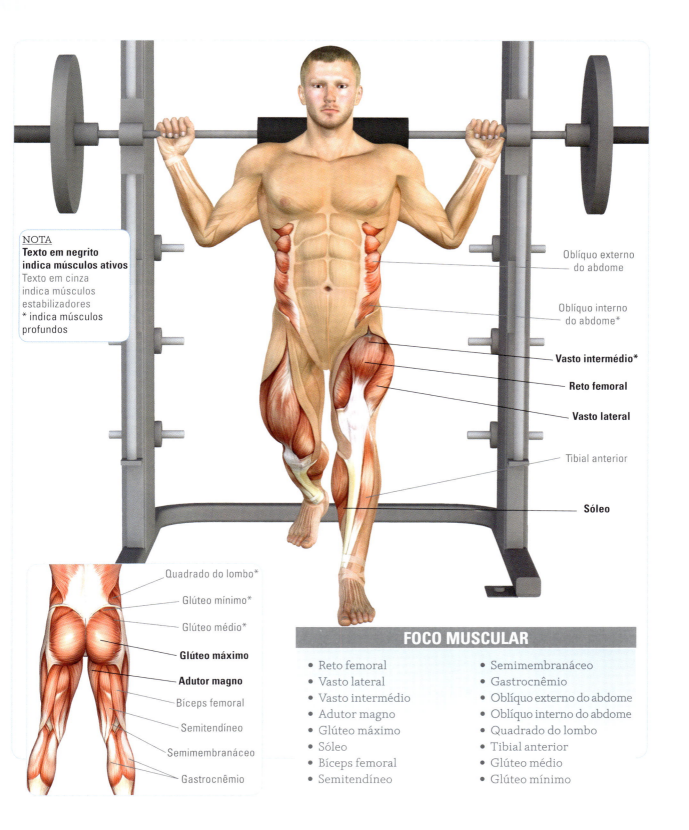

AGACHAMENTO COM HALTERES NO BANCO RETO

PERNAS

① Fique em pé cerca de 30 a 60 cm à frente de um banco reto, com os pés paralelos e as pernas bem afastadas para fora da linha dos ombros. Segure um haltere em cada mão, em pegada martelo, com as palmas das mãos voltadas uma para a outra.

DICAS DO TREINADOR

- Concentre-se em trabalhar os glúteos e os músculos da coxa.
- Para trabalhar o bíceps, mantenha os cotovelos ligeiramente flexionados.
- Expire ao se agachar e inspire ao se erguer de volta à posição inicial.
- Pense neste exercício como em uma aula de postura, na qual você precisa equilibrar um livro sobre a cabeça. Assim, você garante uma postura adequada da parte superior do corpo durante o agachamento.

ⓐ

FOCO MUSCULAR

- Reto femoral
- Vasto lateral
- Vasto intermédio
- Sóleo
- Bíceps femoral
- Semitendíneo
- Semimembranáceo
- Eretor da espinha
- Trapézio
- Levantador da escápula
- Gastrocnêmio
- Oblíquo externo do abdome
- Oblíquo interno do abdome
- Reto do abdome

ALVO
- Quadríceps femoral
- Músculos glúteos

PROCURE
- Manter o tronco ereto durante todo o exercício.
- Manter a cabeça alinhada à coluna e o queixo ligeiramente elevado para executar o exercício com a técnica correta.

EVITE
- Arquear os ombros e a parte superior do dorso para a frente.

② Agache-se na direção do banco, tocando-o de leve com os glúteos.
③ Lentamente, volte à posição inicial em pé e repita.

ⓑ

PERNAS • 141

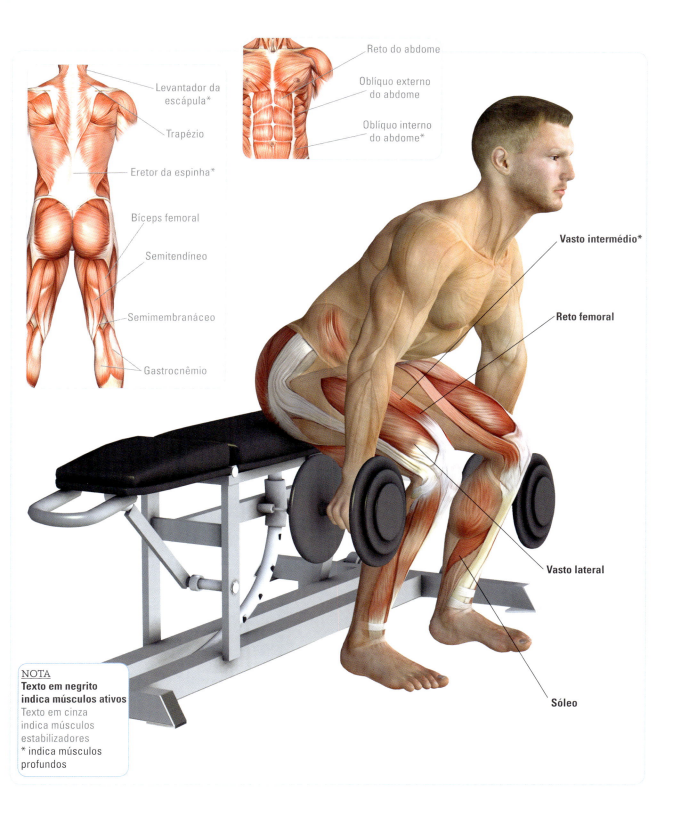

NOTA
Texto em negrito indica músculos ativos
Texto em cinza indica músculos estabilizadores
* indica músculos profundos

AFUNDO ANDANDO COM HALTERES

PERNAS

DICAS DO TREINADOR
- Inspire ao dar o passo à frente e expire ao se erguer de volta à posição inicial.
- Pense neste exercício como em uma aula de postura na qual você precisa equilibrar um livro sobre a cabeça. Assim, você garante uma postura adequada da parte superior do corpo durante o afundo.
- Este é um exercício muito avançado; ele deve ser executado com cuidado e técnica correta.

① Segure um haltere em cada mão com pegada martelo, fique em pé, com os pés paralelos e afastados ligeiramente para dentro da linha dos ombros e as palmas das mãos voltadas uma para a outra. Mantenha os braços junto às laterais do corpo.

② Dê um passo à frente com a perna esquerda, até que o pé esquerdo esteja a cerca de 60 cm do direito, mantendo o tronco ereto ao abaixar o corpo.

③ Concentre-se em usar o calcanhar esquerdo, empurrando para cima e para a frente e voltando à posição inicial em pé.

④ Repita as etapas 2 e 3 começando com a perna direita.

ALVO
- Quadríceps femoral
- Músculos glúteos

PROCURE
- Manter a perna da frente perpendicular ao solo.
- Manter o tronco ereto durante todo o exercício.

EVITE
- Deixar o joelho que fica à frente passar além da linha dos dedos do pé ao abaixar o corpo, pois isso impõe esforço exagerado ao joelho e pode causar lesão.

PERNAS • 143

FOCO MUSCULAR

- Reto femoral
- Vasto lateral
- Vasto intermédio
- Adutor magno
- Glúteo máximo
- Sóleo
- Bíceps femoral
- Semitendíneo
- Semimembranáceo
- Eretor da espinha
- Gastrocnêmio
- Oblíquo externo do abdome
- Oblíquo interno do abdome
- Quadrado do lombo
- Tibial anterior
- Glúteo mínimo
- Glúteo médio

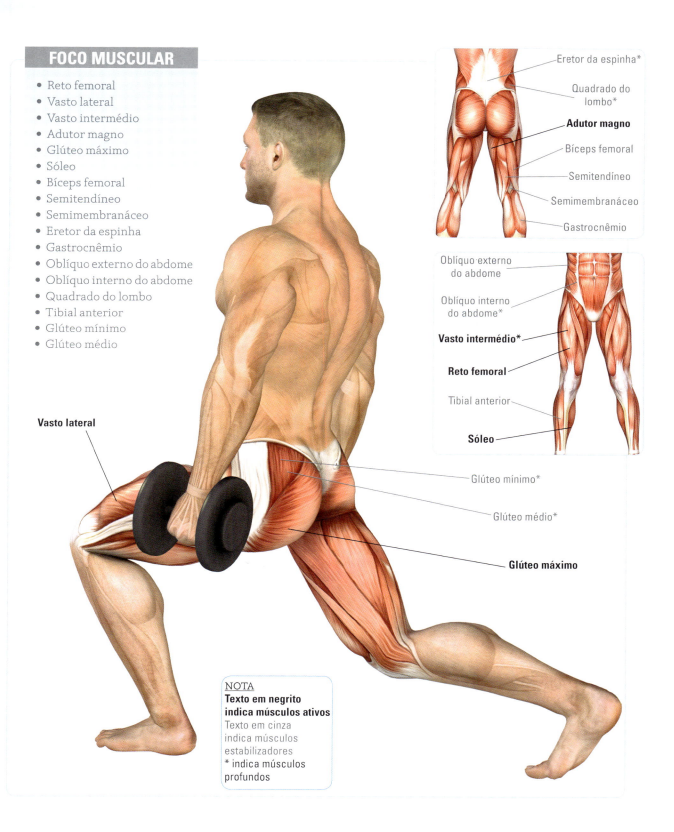

NOTA
Texto em negrito indica músculos ativos
Texto em cinza indica músculos estabilizadores
* indica músculos profundos

PERNAS

STEP-UP NO BANCO

① Fique em pé cerca de 30 cm atrás de um banco reto, com os pés paralelos e unidos. Segure um haltere em cada mão.

② Suba no banco com a perna direita.

DICAS DO TREINADOR
• Concentre-se em trabalhar os glúteos e os músculos da coxa.
• Expire ao subir no banco e inspire ao descer.

③ Posicione a perna esquerda para junto da direita.

④ Desça a perna direita e depois a esquerda, voltando à posição inicial.
⑤ Continue o exercício sempre começando com a perna direita, repetindo quantas vezes desejar. Então mude de lado, começando a subida com a perna esquerda e a descida também com a perna esquerda.

ALVO
• Quadríceps femoral
• Músculos glúteos
• Posteriores da coxa

PROCURE
• Conservar o tronco ereto durante todo o exercício.
• Manter um ritmo lento, constante e homogêneo tanto na subida como na descida.

EVITE
• Arquear os ombros e a parte superior do dorso para a frente ao subir no banco.

PERNAS • 145

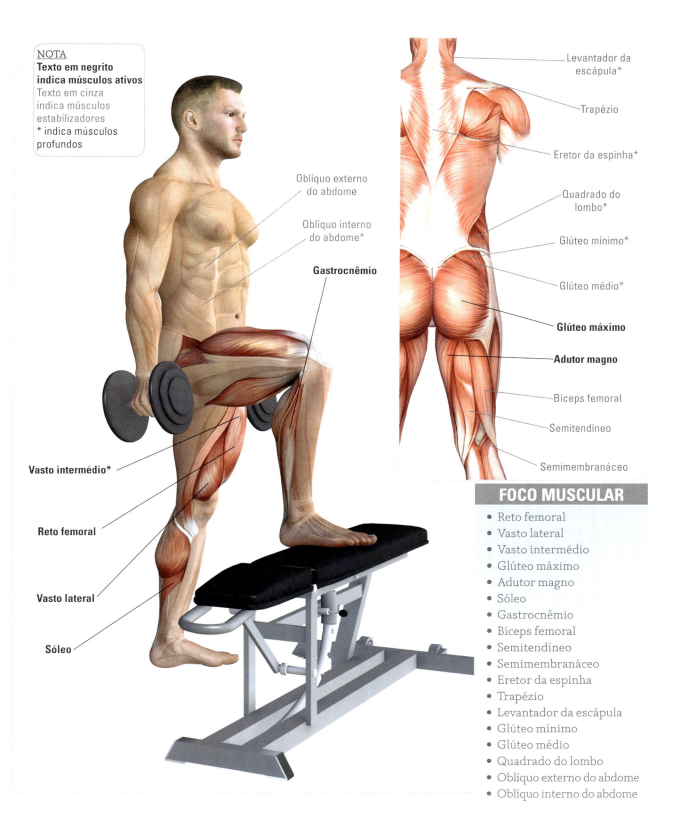

NOTA
Texto em negrito indica músculos ativos
Texto em cinza indica músculos estabilizadores
* indica músculos profundos

FOCO MUSCULAR

- Reto femoral
- Vasto lateral
- Vasto intermédio
- Glúteo máximo
- Adutor magno
- Sóleo
- Gastrocnêmio
- Bíceps femoral
- Semitendíneo
- Semimembranáceo
- Eretor da espinha
- Trapézio
- Levantador da escápula
- Glúteo mínimo
- Glúteo médio
- Quadrado do lombo
- Oblíquo externo do abdome
- Oblíquo interno do abdome

AGACHAMENTO COM BARRA

PERNAS

① Para começar, coloque uma barra no *rack* de agachamento logo abaixo da altura dos ombros. Monte a barra com a carga apropriada e posicione-se em pé, com a parte dorsal dos ombros ligeiramente abaixo do pescoço, sob a barra. Segure a barra com os braços afastados.

② Com os joelhos ligeiramente flexionados, levante a barra do *rack*. Dê um passo para trás, com cuidado.

FOCO MUSCULAR

- Reto femoral
- Vasto lateral
- Vasto intermédio
- Adutor magno
- Glúteo máximo
- Sóleo
- Bíceps femoral
- Semitendíneo
- Semimembranáceo
- Eretor da espinha
- Gastrocnêmio
- Oblíquo externo do abdome
- Oblíquo interno do abdome
- Supraespinal
- Peitoral maior
- Trapézio
- Levantador da escápula
- Serrátil anterior
- Reto do abdome

③ Posicione os pés paralelos, alinhados aos ombros, mantendo os joelhos ligeiramente flexionados. Essa é a posição inicial.

ALVO
- Quadríceps femoral
- Posteriores da coxa

PROCURE
- Manter a cabeça alinhada à coluna e o queixo ligeiramente elevado para executar o exercício com a técnica correta.
- Manter a barra reta e equilibrada durante o exercício, para sua segurança.
- Permanecer com a coluna estável, ereta, da cabeça ao quadril.

EVITE
- Arquear os ombros ou a parte superior do dorso para a frente durante o exercício.

④ Mantenha o dorso ereto, lentamente flexione os joelhos até que o ângulo entre as coxas e as panturrilhas seja um pouco menor que 90 graus.

DICAS DO TREINADOR
- Inspire ao se agachar e expire ao se levantar de volta à posição inicial.
- É mais seguro executar este exercício dentro de um *rack* de agachamento. Quando terminar o exercício, dê um passo à frente com cuidado e engate a barra de volta no *rack*. Apoie o peso com segurança no *rack* flexionando ligeiramente os joelhos.
- Este exercício deve ser realizado com extrema cautela. Se você tiver problemas nas costas, tente primeiro o agachamento com halteres com uma carga apropriada.

⑤ Empurre com os calcanhares e comece a levantar a barra, estendendo as pernas de volta à posição inicial vertical. Repita.

PERNAS • 147

LEVANTAMENTO-TERRA COM BARRA, PERNAS ESTENDIDAS

PERNAS

① Fique em pé, com os pés afastados e paralelos aos ombros, com a barra no solo, posicionada à sua frente. Mantenha o dorso o mais reto possível, incline-se para a frente e segure a barra com pegada pronada, as palmas das mãos voltadas para baixo.

② Com os joelhos estendidos ou apenas ligeiramente flexionados e as pernas em posição vertical, o quadril para trás e as costas retas, use o quadril para erguer a barra.

③ Continue levantando até chegar à posição em pé.
④ Abaixe o peso de volta à posição inicial, sempre mantendo a barra junto à parte frontal do corpo.

DICAS DO TREINADOR
- Inspire ao abaixar a barra e expire ao erguê-la de volta à posição inicial.
- Se você sentir dificuldade para segurar a barra, use munhequeiras que servirão para fixá-la e permitirão que você levante mais peso.
- Este exercício também pode ser executado com um haltere em cada mão.
- Evite este exercício se você tiver problemas na região lombar da coluna.

ALVO
- Posteriores da coxa
- Músculos glúteos
- Parte inferior do dorso

PROCURE
- Fazer o movimento um pouco mais rápido que nos outros exercícios.
- Manter o movimento firme, mas controlado, de forma segura e aplicando a técnica correta.

EVITE
- Arquear o dorso para a frente ao realizar o exercício.
- Usar impulso para levantar e abaixar a barra.

FOCO MUSCULAR
- Bíceps femoral
- Semitendíneo
- Semimembranáceo
- Glúteo máximo
- Eretor da espinha
- Trapézio
- Romboide
- Latíssimo do dorso
- Levantador da escápula
- Reto do abdome
- Oblíquo externo do abdome
- Oblíquo interno do abdome

PERNAS • 149

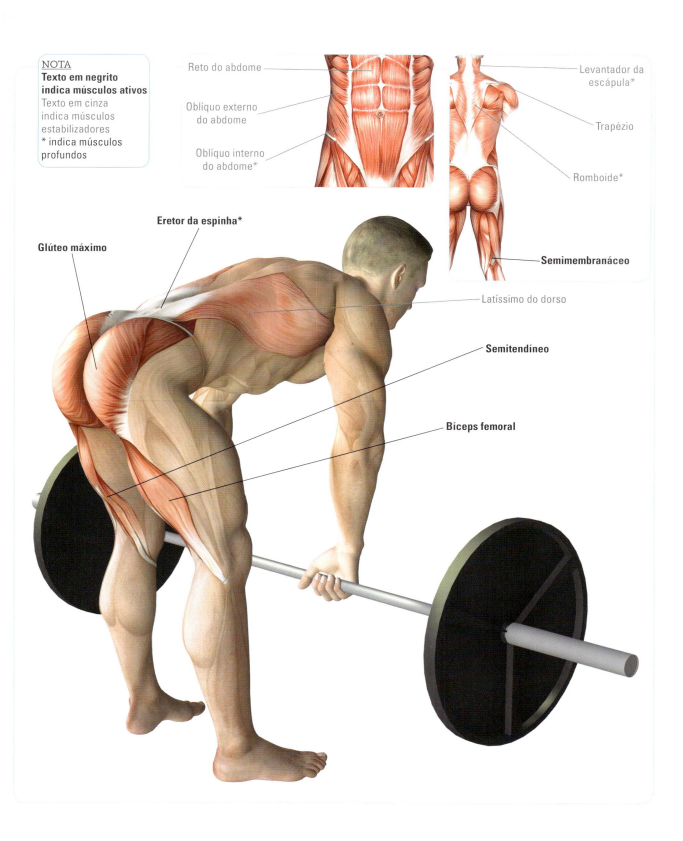

AGACHAMENTO *PLIÉ*

PERNAS

① Fique em pé, com os pés um pouco voltados para fora, mais afastados que os ombros, e os joelhos ligeiramente flexionados, segurando um único haltere pela base com ambas as mãos.

② Lentamente, flexione os joelhos e abaixe as pernas até que as coxas estejam paralelas ao solo.
③ Levante-se devagar de volta à posição inicial e repita.

ALVO
- Posteriores da coxa
- Músculos glúteos

PROCURE
- Manter o tronco ereto durante todo o exercício.

EVITE
- Mover os braços durante o exercício.
- Arquear os ombros ou a parte superior do dorso para a frente durante este exercício.

DICAS DO TREINADOR
- Inspire ao se agachar e expire ao se levantar de volta à posição inicial.
- Concentre-se em fazer força para baixo com os calcanhares enquanto eleva o corpo de volta à posição inicial.
- Mantenha os joelhos alinhados aos dedos dos pés. Você conseguirá a postura adequada se abrir as pernas desde as coxas.
- Este exercício trabalha, de fato, aqueles músculos internos e externos da coxa que não recebem atenção no agachamento tradicional.

PERNAS • 151

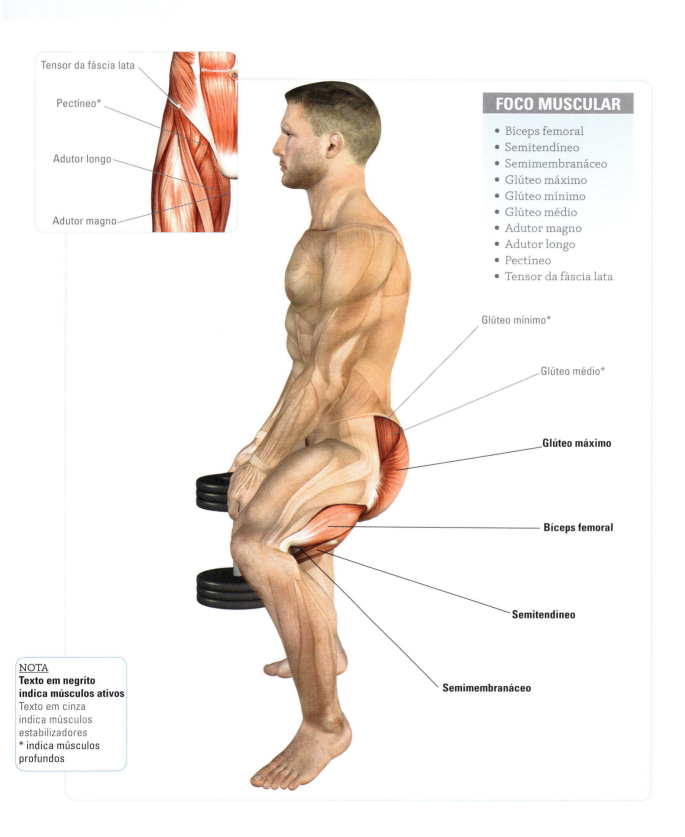

FOCO MUSCULAR

- Bíceps femoral
- Semitendíneo
- Semimembranáceo
- Glúteo máximo
- Glúteo mínimo
- Glúteo médio
- Adutor magno
- Adutor longo
- Pectíneo
- Tensor da fáscia lata

NOTA
Texto em negrito indica músculos ativos
Texto em cinza indica músculos estabilizadores
* indica músculos profundos

TIBIAL ANTERIOR COM HALTERE

PERNAS

① Sente-se na ponta de um banco reto, com um haltere no solo à sua frente. Agarre o haltere com os pés.

② Deslize para trás no banco, deixando apenas seus pés para fora. Mantenha as pernas retas e o tronco ereto, na posição sentada, lentamente faça ponta com os pés.

③ Em seguida, ainda mantendo as pernas retas e o tronco ereto, na posição sentada, flexione lentamente os pés para cima. Repita.

ALVO
- Tibiais anteriores (canela)

PROCURE
- Alcançar toda a amplitude de movimento, em ambas as direções, fazendo ponta ou flexionando os pés.
- Manter o pescoço e a mandíbula relaxados durante todo o exercício.

EVITE
- Flexionar os joelhos durante o exercício.

DICAS DO TREINADOR
- Inspire ao fazer ponta e expire ao trazer os pés para cima.
- Quando terminar o exercício, devolva cuidadosamente o haltere para o solo.

PERNAS • 153

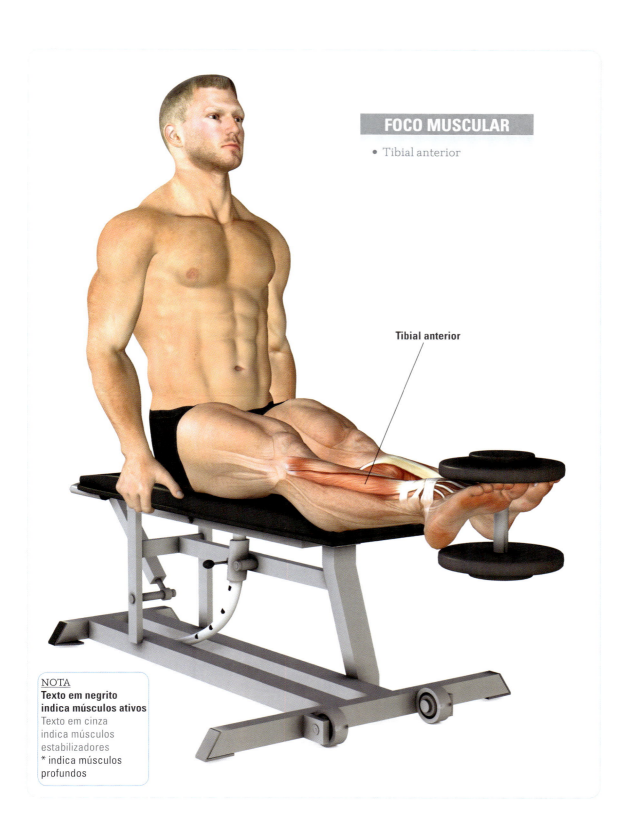

FOCO MUSCULAR
• Tibial anterior

Tibial anterior

NOTA
Texto em negrito indica músculos ativos
Texto em cinza indica músculos estabilizadores
* indica músculos profundos

ELEVAÇÃO DE PANTURRILHAS COM HALTERES

PERNAS

① Segure um haltere em cada mão com pegada martelo, fique em pé, com os pés paralelos e alinhados aos ombros e as palmas das mãos voltadas uma para a outra. Mantenha os braços junto às laterais do corpo.

② Levante-se lentamente sobre as pontas dos pés, concentrando-se em trabalhar os músculos da panturrilha durante o momento de elevação.

③ Lentamente, abaixe de volta até a posição inicial e repita.

ALVO
- Panturrilhas

PROCURE
- Contrair bem os músculos da panturrilha durante o exercício.

EVITE
- Flexionar os joelhos durante o exercício.
- "Encolher" os pés ao se erguer sobre as pontas, ou seja, apoiar o peso do corpo sobre os dedos menores. Para executar a técnica correta, concentre-se em usar o hálux como apoio.

DICAS DO TREINADOR
- Expire ao se erguer sobre as pontas dos pés e inspire ao voltar à posição inicial.
- À medida que você ficar mais forte, pode ser uma boa opção usar munhequeiras para poder levantar mais peso.
- Para executar uma versão mais avançada deste exercício, coloque duas anilhas no solo e erga o corpo com as pontas dos pés na extremidade delas. Isso irá exigir mais dos músculos da panturrilha.

FOCO MUSCULAR
- Gastrocnêmio
- Sóleo
- Trapézio
- Levantador da escápula
- Glúteo mínimo
- Glúteo médio

PERNAS • 155

MODIFICAÇÃO COM OS PÉS PARA FORA

Dificuldade semelhante: gire as pontas dos pés para fora de modo a trabalhar a cabeça interna dos músculos da panturrilha.

MODIFICAÇÃO COM OS PÉS PARA DENTRO

Dificuldade semelhante: gire as pontas dos pés para dentro de modo a trabalhar a cabeça externa dos músculos da panturrilha.

NOTA
Texto em negrito indica músculos ativos
Texto em cinza indica músculos estabilizadores
* indica músculos profundos

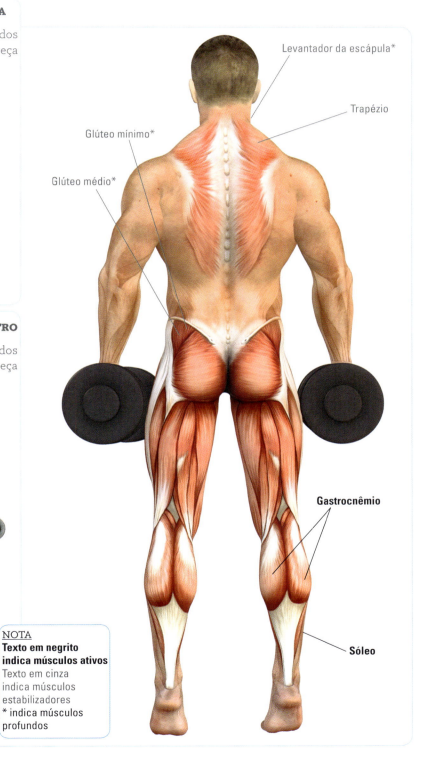

Levantador da escápula*

Trapézio

Glúteo mínimo*

Glúteo médio*

Gastrocnêmio

Sóleo

GLOSSÁRIO

TERMOS GERAIS

Abdução: movimento para longe do corpo.

Adução: movimento para perto do corpo.

Agachamento: exercício que consiste em mover os quadris para trás, flexionando os joelhos e quadris para abaixar o tronco e um peso, retornando, em seguida, à posição ereta. O agachamento trabalha principalmente os músculos das coxas, quadris, glúteos e posteriores da coxa.

Anilha: peso de ferro fundido colocado em uma barra olímpica ou haltere. As anilhas variam em tamanho e peso, de 500 g a 50 kg. As anilhas mais comuns encontradas nas academias de musculação pesam de 2,5 a 20 kg, aproximadamente.

Anterior: localizado na frente.

Aparelho Smith: equipamento de halterofilismo que consiste em uma barra olímpica fixada em trilhos de aço e que só permite movimento vertical.

Aquecimento: qualquer forma de exercício leve, de curta duração, que prepara o corpo para exercícios mais intensos.

Banco declinado: banco no qual o usuário coloca a cabeça na parte mais baixa e os pés na parte mais alta. Frequentemente usado para trabalhar os peitorais externos e inferiores.

Banco inclinado: banco no qual o corpo fica inclinado para trás em relação à linha vertical. Frequentemente usado para trabalhar a região superior do tórax.

Barra curta (haltere): equipamento básico que consiste em uma barra de cerca de 40 cm à qual se prendem anilhas. A pessoa pode usar uma barra em uma das mãos ou em ambas durante um exercício. A maioria das academias oferece barras com anilhas soldadas e o peso indicado na anilha.

Barra olímpica: equipamento básico que consiste em uma longa barra com colares, luvas e anilhas feitos de aço ou ferro. A barra olímpica ajustável permite a troca de anilhas, enquanto a fixa tem colares soldados que mantêm as anilhas no lugar. A barra mais comum tem, em média, 1,5 a 2,15 metros de comprimento e geralmente pesa de 11 a 22 kg.

Barra olímpica EZ: barra curta, em forma de "s", usada para exercícios do tipo tríceps testa. O formato em "s" força menos os punhos e os antebraços do que a barra reta.

Bola de estabilidade: bola de PVC inflável, flexível, com circunferência que varia de 35 a 85 cm, usada para treino de halterofilismo, fisioterapia, treino de equilíbrio e muitos outros programas de exercícios. Também chamada "bola suíça", "bola de fitness", "bola de exercício", "bola de ginástica", "physioball", e muitos outros nomes.

Bosu®: meia-bola flexível montada sobre uma plataforma plana, semelhante a uma bola de estabilidade cortada ao meio. Também chamada "bola de equilíbrio", é usada para realizar exercícios de força, equilíbrio, coordenação e cardiovasculares.

Carga: refere-se às anilhas ou anilhas "tijolinhos", ou à massa real (em kg) da barra ou haltere.

Cinto de levantamento de peso: faixa larga de couro usada por fisiculturistas em torno da cintura para dar suporte aos músculos da região lombar.

Contração concêntrica: ocorre quando um músculo encurta seu comprimento e desenvolve tensão, por exemplo, no movimento de erguer um haltere na rosca bíceps.

Contração excêntrica: desenvolvimento de tensão durante o alongamento de um músculo, por exemplo, o movimento de retorno do haltere na rosca bíceps.

Cross over: equipamento de ginástica que consiste em longos cabos de arame conectados a pilhas de pesos em uma das extremidades e a uma empunhadura na outra. O exercício com cabos mantém a tensão dos músculos trabalhados em toda a amplitude do movimento.

Crucifixo: exercício que consiste em mover a mão e o braço descrevendo um arco enquanto se mantém constante o ângulo do cotovelo. Esse exercício trabalha os músculos da parte superior do corpo.

Dinâmico: em movimento contínuo.

Escápula: osso triangular situado no terço superior da região dorsal, antigamente denominado "omoplata".

Exercício cardiovascular: qualquer exercício que aumenta a frequência cardíaca, levando sangue rico em nutrientes e oxigênio aos músculos trabalhados.

Extensão: ação de estender.

Falha muscular: avançar na série de repetições do exercício até que o músculo simplesmente não consiga mais se contrair e fazer mais repetições; comumente referido como "treinar até a falha".

Flexão: a ação de dobrar uma articulação.

Flexão parcial do tronco: exercício abdominal comum no qual a pessoa se deita em decúbito dorsal, com as mãos sob a cabeça, joelhos dobrados, e traz os ombros em direção à pelve.

Grampo: pequeno encaixe redondo de ferro ou plástico que prende as anilhas na barra olímpica ou no haltere.

Lateral: localizado ou que se estende até o lado externo.

Levantamento-terra: exercício de levantamento de um peso, por exemplo, uma barra olímpica, do solo, com o corpo em posição curvada e estabilizada.

Lordose: curvatura da coluna e da região lombar para a frente.

Medial: localizado ou que se estende até o meio.

Munhequeiras: faixas grossas de vários materiais usadas para dar suporte aos punhos, permitindo que se levante mais peso.

Músculo extensor: músculo que atua estendendo uma parte do corpo para longe do corpo.

Músculo flexor: músculo que diminui o ângulo entre dois ossos, como ao dobrar o braço no cotovelo ou elevar a coxa na direção do abdome.

Parceiro de treino: pessoa que se exercita junto com você, geralmente acompanhando série a série. O parceiro de treino atua como motivador, e também pode servir como apoio (*spotter*) quando você levanta cargas pesadas.

Pegada alternada: pegada em que uma das mãos tem a palma voltada para o corpo e a outra tem a palma voltada para fora.

Pegada invertida: segurar a barra olímpica ou os halteres com as palmas das mãos voltadas para cima. Também chamada "pegada supinada".

Pegada martelo: segurar os halteres ou outro equipamento de exercício com as palmas das mãos voltadas uma para a outra.

Pegada pronada: segurar a barra olímpica ou os halteres com as palmas das mãos voltadas para baixo e os polegares para dentro. A pegada pronada é a forma mais comum de levantamento de peso.

Pegada supinada: ver pegada invertida.

Pesos: barras e halteres.

Posição neutra (coluna): posição da coluna que lembra um "s" quando vista de perfil, marcada pela lordose lombar.

Posterior: localizado atrás.

Press **(exercício contra resistência):** exercício no qual o movimento consiste em empurrar um peso ou outra resistência para longe do corpo.

Rosca: exercício geralmente destinado ao bíceps braquial, no qual um peso é movido em arco, descrevendo um movimento em "caracol".

Sistema cardiovascular: sistema circulatório que distribui sangue por todo o corpo, e que inclui coração, pulmões, artérias, veias e capilares.

Supino: exercício no qual a pessoa se deita em decúbito dorsal sobre um banco, abaixa um peso até o nível do tórax e depois o empurra para cima até que o braço e o cotovelo estejam estendidos. O supino fortalece os músculos peitorais, deltoide e tríceps.

Trato iliotibial (TIT): faixa grossa de tecido fibroso que se estende pela parte lateral da coxa, começando no quadril e indo até onde começa a tíbia, logo abaixo do joelho. Essa faixa funciona de modo coordenado com vários músculos da coxa, conferindo estabilidade à região lateral da articulação do joelho.

MÚSCULOS

A lista a seguir explica o significado latino ou grego dos nomes de alguns músculos do corpo.

ABDOME

oblíquo externo: do latim *obliquus*, "inclinado", e *externus*, "fora".

oblíquo interno: do latim *obliquus*, "inclinado", e *internus*, "dentro".

reto do abdome: do latim *rectus*, "reto, ereto", e *abdomen*, "ventre".

serrátil anterior: do latim *serra*, "serrote", e *ante*, "à frente".

transverso do abdome: do latim *transversus*, "de través", e *abdomen*, "ventre".

ANTEBRAÇO

ancôneo: do grego *anconad*, "cotovelo".

braquiorradial: do latim *brachium*, "braço", e *radius*, "raio".

extensor radial do carpo: do latim *extendere*, "estender"; do grego *karpós*, "punho"; e do latim *radius*, "raio".

flexor longo do polegar: do latim *flectere*, "dobrar"; *pollicis*, "polegar"; e *longus*, "longo".

flexor radial do carpo: do latim *flectere*, "dobrar"; do grego *karpós*, "punho"; e do latim *radius*, "raio".

flexor ulnar do carpo: do latim *flectere*, "dobrar"; do grego *karpós*, "punho"; e do latim *ulnaris*, "antebraço".

palmar longo: do latim *palmaris*, "palma", e *longus*, "longo".

BRAÇO

bíceps braquial: do latim *biceps*, "de duas cabeças", e *brachium*, "braço".

braquial: do latim *brachium*, "braço".

tríceps braquial: do latim *triceps*, "de três cabeças", e *brachium*, "braço".

COXA

adutor longo: do latim *adducere*, "contrair", e *longus*, "longo".

adutor magno: do latim *adducere*, "contrair", e *magnus*, "maior".

bíceps femoral: do latim *biceps*, "de duas cabeças", e *femur*, "coxa".

grácil: do latim *gracilis*, "esbelto, fino".

reto femoral: do latim *rectus*, "reto, ereto", e *femur*, "coxa".

sartório: do latim *sarcio*, "remendar" ou "reparar".

semimembranáceo: do latim *semi*, "metade", e *membrum*, "membro".

semitendíneo: do latim *semi*, "metade", e *tendo*, "tendão".

tensor da fáscia lata: do latim *tenere*, "esticar"; *fasciae*, "faixa"; e *latae*, "aplanada".

vasto intermédio: do latim *vastus*, "imenso, enorme", e *intermedius*, "entre".

vasto lateral: do latim *vastus*, "imenso, enorme", e *lateralis*, "lado".

vasto medial: do latim *vastus*, "imenso, enorme", e *medialis*, "meio".

DORSO

eretor da espinha: do latim *erectus*, "reto", e *spina*, "espinha".

latíssimo do dorso: do latim *latus*, "largo", e *dorsum*, "dorso".

multífido: do latim *multifid*, "dividir".

quadrado do lombo: do latim *quadratus*, "quadrado, retangular", e *lumbus*, "lombo".

romboide: do grego *rhembesthai*, "girar".

trapézio: do grego *trapezion*, "pequena mesa".

OMBRO

deltoide: do grego *deltoeidés*, "em forma de delta".

infraespinal: do latim *infra*, "sob", e *spina*, "espinha".

supraespinal: do latim *supra*, "acima", e *spina*, "espinha".

PERNA

adutor do dedo mínimo: do latim *adducere*, "contrair"; *digitus*, "dedo"; e *minimum* "o menor".

adutor do hálux: do latim *adducere*, "contrair", e *hallex*, "grande dedo do pé".

extensor do hálux: do latim *extendere*, "estender", e *hallex*, "grande dedo do pé".

flexor do hálux: do latim *flectere*, "dobrar", e *hallex*, "grande dedo do pé".

gastrocnêmio: do grego *gastroknémía*, "panturrilha".

plantar: do latim *planta*, "sola do pé".

sóleo: do latim *solea*, "sandália".

tibial anterior: do latim *tibia*, "flauta de cana", e *ante*, "que vem antes".

tibial posterior: do latim *tibia*, "flauta de cana", e *posterus*, "que vem depois".

tróclea do tálus: do latim *trochleae*, "estrutura em forma de polia", e *talus*, "porção inferior da articulação do tornozelo".

PESCOÇO

escaleno: do grego *skalénós*, "desigual".

esplênio: do grego *splénion*, "emplastro, remendo".

esternocleidomastóideo: do grego *stérnon*, "tórax"; *kleís*, "chave"; e *mastoeidés*, "em forma de mama".

semiespinal: do latim *semi*, "metade", e *spinae*, "espinha".

QUADRIL

glúteo máximo: do grego *gloutós*, "nádega", e do latim *maximus*, "o maior".

glúteo médio: do grego *gloutós*, "nádega", e do latim *medialis*, "meio".

glúteo mínimo: do grego *gloutós*, "nádega", e do latim *minimus*, "o menor".

ilíaco: do latim *ilium*, "virilha".

iliopsoas: do latim *ilium*, "virilha", e do grego *psoa*, "músculo da virilha".

obturador externo: do latim *obturare*, "bloquear", e *externus*, "de fora".

obturador interno: do latim *obturare*, "bloquear", e *internus*, "de dentro".

pectíneo: do latim *pectin*, "pente".

piriforme: do latim *pirum*, "pera", e *forma*, "formato de".

quadrado femoral: do latim *quadratus*, "quadrado, retangular", e *femur*, "coxa".

TÓRAX

coracobraquial: do grego *korakoeidés*, "semelhante ao corvo", e do latim *brachium*, "braço".

CRÉDITOS E AGRADECIMENTOS

FOTOGRAFIA

Fotografias de Jonathan Conklin/Jonathan Conklin Photography, Inc.
Modelo: Craig Ramsay

ILUSTRAÇÕES

Ilustrações de Hector Aiza/3D Labz Animation India, com exceção dos destaques nas páginas 20-35, 43, 45, 51, 53, 55, 67, 69, 73, 75, 79, 81, 87, 89, 91, 93, 95, 99, 103, 105, 109, 111, 113, 115, 117, 119, 122, 125, 127, 129, 131, 133, 137, 139, 141, 143, 147, 151, 153 e 155, que são de Linda Bucklin/Shutterstock.

AGRADECIMENTOS

Agradeço à minha equipe de apoio, na qual se incluem minha família, amigos e colegas: Brandon, Jackie, Lisa Purcell e Joe Antouri da Propta (Personal Trainer's Association).

Agradeço especialmente a todos os meus clientes que continuam a me inspirar por sua dedicação ao aprendizado e autoaperfeiçoamento. Sinto-me honrado por poder orientar tantas pessoas a terem uma vida mais saudável e feliz.

O autor e o editor também agradecem às pessoas que se envolveram de perto na criação deste livro: na Moseley Road, Sean Moore, presidente; Brian MacMullen, diretor de arte; Lisa Purcell, diretora editorial/designer; Katie Calak e Hwaim Holly Lee, designers; Rebecca Axelrad, assistente editorial; e Jonathan Conklin, fotógrafo.

Agradecimentos especiais a John Ford, por permitir o uso da academia Complete Body & Spa, na 19th Street, em Manhattan, para a sessão de fotos, e a Hugo German, por tornar a sessão de fotos tão divertida.